AF371020

MICHEL,

ou

AMOUR ET MENUISERIE,

COMÉDIE-VAUDEVILLE EN QUATRE ACTES,

Par MM. Duvert, Lauzanne et Jaime,

Représentée pour la première fois, à Paris, sur le théâtre des Variétés. le 16 février 1837.

PERSONNAGES.	ACTEURS.	PERSONNAGES.	ACTEURS.
MICHEL, garçon menuisier.	M. VERNET.	UN DOMESTIQUE	M. EMMANUEL.
BOUFFARD, maître menuisier . . .	M. CAZOT.	CÉCILE, jeune orpheline, demoiselle	
ANTENOR VERDIER, jeune élégant.	M. ALEXANDRE.	de comptoir.	Mlle A.BEAUCHÊNE.
DUBOURG.	M. DUSSERT.	Mme BOUFFARD	Mme VAULTIER.
OSCAR, ami d'Anténor.	M. STAINVILLE.	HABITUÉS DU CAFÉ.	
GRAPON, bonnetier.	M. GEORGES.	AMIS D'ANTÉNOR.	
UN GARÇON DE CAFÉ.	M. MAYER.		

La scène se passe à Paris.

ACTE PREMIER.

Le théâtre représente l'intérieur d'un café d'apparence très-simple. Deux rangées de tables. A gauche, au premier plan, le comptoir. Au second plan, à gauche, l'entrée du laboratoire et de l'habitation des maîtres du café. Au milieu au fond, l'entrée principale du café donnant sur une place publique.

SCENE PREMIERE *.

HABITUÉS. *Au lever du rideau, ils sont attablés et occupent toutes les tables, excepté les deux qui sont le plus près du public.* UN GARÇON, *puis* GRAPON *et* BOUFFARD.

CHOEUR.

AIR *du chœur des Buveurs (de Robert-le-Diable.)*
Oui, c'est vraiment un excellent breuvage
Que le café qu'on vient de nous donner ;

* Les personnages sont inscrits en tête des scènes comme ils sont placés au théâtre : le premier à gauche, etc. Les changemens de position sont indiqués par des notes. Toutes les indications sont données de la salle.

Prenons, amis, suivant l'antique usage,
La demi-tasse après notre dîner.

(Le garçon sort par la gauche et revient bientôt après.

BOUFFARD, *entrant par le fond avec Grapon; Bouffard est en redingote noisette, gilet de couleur, pantalon gris, casquette de loutre.* Oui, oui, vous avez beau dire, monsieur Grapon, et quoique vous n'en preniez pas, c'est une chose très-aimable que le café. Celui qui l'a inventé peut passer pour le plus fort bienfaiteur de l'humanité...

(Les sociétés qui occupent les deux tables les plus éloignées du public sortent et rentrent le [...]

GRAPON. Et des cafetiers; car enfin, si le café n'existait pas, il n'y aurait pas de cafetiers, et les cafetiers seraient obligés de faire autre chose... c'est sensible, monsieur Bouffard.

BOUFFARD. Pourquoi donc, monsieur Grapon, avez-vous toujours comme ça à votre service une quantité inépuisable de raisons saugrenues!.. Quand on dit quelque chose de sensé, paf! vous arrivez avec une bêtise; et puis vous coupez tout. Est-ce que tous les bonnetiers sont comme vous?

GRAPON. Je ne sais pas pourquoi vous me dites cela. Je n'aime pas le café, mais cela ne m'empêchera pas de vous jouer le régal aux dominos...

BOUFFARD. Allons, ça va!

(Grapon va s'asseoir à la table qui fait face au public, auprès du comptoir.)

SCENE II.

GRAPON, *assis*, BOUFFARD, Mme BOUFFARD, *entrant par le fond.*

BOUFFARD, *apercevant Mme Bouffard au moment où il va s'asseoir auprès de Grapon.* Ah! voilà mon épouse. Il n'y a rien de nouveau à la boutique?

Mme BOUFFARD. Rien du tout.

BOUFFARD. Alors, garçon! garçon...

LE GARÇON. Voilà!

BOUFFARD. Une demi-tasse, un verre de rhum et les *Petites-Affiches;* la demi-tasse pour moi, le rhum et les *Petites-Affiches* pour mon épouse.

(Bouffard et Mme Bouffard vont s'asseoir à la table qu'occupe déjà Grapon : Mme Bouffard à gauche, puis Grapon; Bouffard à droite. Le garçon donne les Petites-Affiches à Mme Bouffard. Quelques instans après il apporte un jeu de domino, et sert une demi-tasse à Bouffard, et deux petits verres; l'un à Mme Bouffard, l'autre à Grapon.)

GRAPON, *avec galanterie.* Toujours amateuse de littérature, donc, madame Bouffard?

Mme BOUFFARD. Mais oui, mais oui!.... Quand on a entendu raboter toute la journée, et quoiqu'on *soie* l'épouse d'un maître menuisier, on est bien aise le soir de s'exercer un peu l'imagination.

GRAPON. Surtout quand on en a comme vous, madame Bouffard.

Mme BOUFFARD. Trop honnête, monsieur Grapon.

BOUFFARD, *à Grapon.* A moi la pose!

Mme BOUFFARD, *au garçon qui la sert.* Mais où donc est Mlle Cécile? Elle n'est pas au comptoir.

LE GARÇON. Mlle Cécile... voilà six heu-

res, l'heure des demi-tasses, elle va descendre.

(Il s'éloigne.)

Mme BOUFFARD. Ah! mon Dieu! qu'est-ce que je vois dans les *Petites-Affiches !*

BOUFFARD, *qui s'apprêtait à jouer, s'arrête ainsi que Grapon. Ils écoutent.* Quoi donc?

Mme BOUFFARD. « A vendre, avec tous » ses ustensiles et son achalandage, fonds » de limonadier connu sous le nom de » *Café de l'Orpheline...*

BOUFFARD. Ce café-ci?

Mme BOUFFARD. « S'adresser à M. Ra-» digot. » Ils vendent leur fonds?

BOUFFARD. Oh! quelle bêtise! un établissement qui va si bien! Ah bien! s'ils s'en vont, et qu'ils emmènent leur demoiselle de comptoir, je crois bien que le successeur déchantera joliment.

Mme BOUFFARD. Sûr! sûr!

SCENE III.

LES MÊMES, DUBOURG, *entrant par le fond. Costume bourgeois, redingote.*

DUBOURG. Eh! bonjour, Bouffard, bonjour, messieurs, eh! eh! eh! (*Il rit.*) (*Au garçon qui laisse tomber des cuillers.*) Prenez donc garde à ce que vous faites, Baptiste, vous n'en faites jamais d'autres. Vous abîmez l'argenterie de la maison.

LE GARÇON, *qui est auprès du comptoir.* Dame, monsieur, je ne jette pas les cuillers par un fait exprès. Quand ça arrive ça arrive.. L'homme n'est pas parfait.

DUBOURG. C'est bon.

LE GARÇON. Et puis d'ailleurs ça ne regarde que le maître.

DUBOURG. Donnez-moi de la bière, au lieu de faire le rodomont. (*Il rit. A part.*) Tu ne vieilliras pas ici, toi.

LE GARÇON, *en sortant.* Est-il ennuyeux donc ce vieux kalmouck-là?.. Qu'est-ce que ça lui fait?

BOUFFARD. Qu'est-ce qu'il a donc ce soir, monsieur Dubourg?

DUBOURG, *s'asseyant à la table qui fait face au public à droite.* Rien, mon cher monsieur Bouffard, rien; mais c'est que cet animal est d'une maladresse! (*Au garçon qui lui sert une bouteille de bière.*) Prévenez vos maîtres que je suis là.

(Le garçon sort.)

BOUFFARD, *à Dubourg en se levant.* Quel diable d'intérêt portez-vous à l'argenterie des Radigot?

DUBOURG, *se levant aussi.* Aucun, aucun... (*A part.*) Quant à présent.

BOUFFARD. Voyons ! pour vous remettre en bonne humeur, voulez-vous faire une partie à quatre ?

DUBOURG. Impossible aujourd'hui, monsieur Bouffard, je suis pressé...

BOUFFARD. Oh ! alors c'est quelque bonne spéculation que vous avez en train. Je vous connais, vous, vous ne pêchez pas en eau trouble...

DUBOURG, *riant.* Eh ! mais, c'est possible, monsieur Bouffard, c'est possible !

BOUFFARD. Ah ça ! comment, à votre âge, n'êtes-vous pas marié ?

DUBOURG. Parce que je n'ai rien trouvé qui me convînt.

BOUFFARD. Vous tenez à la figure ?

DUBOURG. Pas.

BOUFFARD. A la fortune ?

DUBOURG. Plus.

BOUFFARD. A la jeunesse ?

DUBOURG. Folie ! quand on trouve tout réuni, c'est bien.

BOUFFARD, *confidentiellement.* Dites-donc ? Savez-vous que les Radigot se retirent...

DUBOURG, *d'un air entendu.* Oui, oui, je sais ça.

BOUFFARD. Une bêtise qu'ils font là. Une maison qui a la vogue...

DUBOURG, *de même.* On peut l'y maintenir.

LE GARÇON, *entrant.* Monsieur Dubourg, M. et Mme Radigot sont là haut.

DUBOURG. J'y vais. (*A Bouffard.*) Pardon !.. les affaires avant tout.

(Il sort par la gauche.)

SCENE IV.

Mme BOUFFARD, GRAPON, BOUFFARD.

BOUFFARD , *avec importance.* Mon épouse !

Mme BOUFFARD. Eh bien !

BOUFFARD. Je viens de découvrir une mèche.

Mme BOUFFARD, *se levant.* Quelle mèche ?

BOUFFARD. Je te parie un bonnet de tulle contre deux paires de guêtres, que M. Dubourg a des vues sur le fonds.

Mme BOUFFARD. Allons ! v'là une autre rêverie. Je vous demande un peu.... un homme comme ça... il irait se faire cafetier ? Vous tirez des *conjonctures* de tout.

BOUFFARD. Je tire des *conjonctures,* c'est vrai ; mais je vois ce que je vois, et je dis ce que je dis.

(Ils se remettent à la table

SCENE V.

LES MÊMES, MICHEL, *en costume d'ouvrier menuisier ; il a un tablier et il est coiffé d'un bonnet grec, il a un volume sous le bras.*

MICHEL.

AIR : *Amour, plaisir, folie.*

Amour et menuis'rie,
Doux charmes de la vie,
Jusqu'à la fin d' mes jours,
Ah ! bercez-moi toujours ! (*ter.*)

(*Quelques personnes entrent, et garnissent les tables les plus éloignées du public, qui sont restées inoccupées.*) Ah ! c'est vous, bourgeois ? Salue bien !... (*Tapant sur la table qu'occupait Dubourg à droite.*) Garçon ! un petit verre, comme s'il en pleuvait. (*Il s'assied à la gauche de la table.*) C'est donc pour vous dire, monsieur Bouffard, que je viens de porter mon paquet à la *déligence ;* je vais au pays, c'est rien du tout, l'histoire de quinze jours.... Vous pouvez bien vous passer de moi une quinzaine ; l'ouvrage va pas fort.

BOUFFARD. Va, mon garçon, va ! Tu sais bien que c'est convenu.

MICHEL. Je vas voir ma vieille bonne mère qui m'a écrit pour ça, vu qu'elle veut s'arrondir en achetant un petit carré de territoire qui tient à son champ... et elle veut me consulter c'te femme ; c'est bien naturel... n'ayant que moi de fils, et moi n'ayant qu'elle de mère, nous nous aimons, comme de juste. Ah ! dame, c'est que c'est ça une femme ! c'est ça une bonne femme ! dire qu'il y a cinq ans que je ne l'ai pas vue, ni même embrassée..... Comme elle aura vieilli, pauvre mère !... Allons, allons ! faut pas m'attrister. (*Au garçon qui lui verse l'eau-de-vie.*) Où donc qu'est mamzelle Cécile ? Pas encore descendue ?

LE GARÇON. Elle va venir, elle fait sa toilette du soir.

MICHEL. Est-ce qu'elle a besoin de ça ? (*A Bouffard.*) Voilà un livre que je lui apporte, parce qu'elle disait comme ça hier qu'elle n'avait rien de joli à lire les soirs, alors, moi, j'ai sauté chez un bouquiniste des quais... et j'ai acheté ceci... (*il frappe sur le livre*) qui est tapé !

BOUFFARD. Diable ! tu es galant, Michel. Et qu'est-ce que c'est que ce livre-là ?

MICHEL. Emile, que ça s'appelle.

BOUFFARD. Je ne connais pas ça.

Mme BOUFFARD. Je n'en ai jamais entendu parler ; c'est donc tout nouveau ?

MICHEL. Il est possible ; cependant, je l'ai lu l'année dernière, et voilà la raison pourquoi je l'ai choisi. C'est par un appelé.... Attendez donc.. (*Il ouvre le livre.*) Comment. J. J. Rousseau, l'homme de la poste.

Mᵐᵉ BOUFFARD. Je n'en ai jamais entendu parler.

MICHEL, *riant*. Ah ça ! mais c'te mère Bouffard, elle n'a jamais entendu parler de rien !.. Ce livre-là, c'est une manière pour élever les petits enfans, en leur donnant à téter, sans nourrice, sans biberon, pas de maillot, rien !.. la nature pure... Et l'éducation donc ! c'est surtout pour ça que je l'ai pris ; un homme qui vous dit que la menuiserie, c'est le roi des états, qui rend adroit, intelligent, et pas noir. Tenez, écoutez un petit peu voir ceci. J'ai fait des petites barres dessous, avec la pierre noire, pour qu'elle voie la chose. (*Il lit.*) « Le métier que j'aimerais le mieux » qui fût du goût de mon élève, est ce- » lui de menuisier. Il est propre, il est » utile, il peut s'exercer dans la maison. » Voilà un homme ! il ne veut pas que son élève *soie* argent de change, notaire, avocat ou soldat... tout ça inutile ! il veut qu'il *soie* menuisier !.. O J.J. Rousseau ! comme tu entres dans mes vues ! Depuis que j'ai lu ton livre, j'adore encore plus mon état. Oui !!!

(Il se lève.)

AIR *de Mazaniello.*
Quand il s'agit d' faire un' corniche,
Est-ce un notair' qu'on va chercher ?
Un banquier mèm', quand il s'rait riche,
Saurait-il dresser un plancher ?
A quoi sert un sergent de ville,
Un r'ceveur, un juge, un courtier ?
A rien du tout ! le seul utile.
C'est l' bel état de menuisier !
Le seul état vraiment utile, etc.

(Il va mettre son livre sur le comptoir. Bouffard et sa femme se lèvent. Grapon va se joindre à une autre société, et fait une partie à quatre.)

BOUFFARD. A la bonne heure, mais il y a des professions cependant...

MICHEL, *revenant* *. Laissez donc !

Même air.

On n' livrerait jamais de bataille
Si l'on n'avait pas de soldats :
Au palais pourquoi qu'on s' chamaille ?
C'est parc' qu'on a des avocats.
Jamais d' procès, jamais de guerres,
Ça s'rait l' bonheur du monde entier ;
On s'rait tous amis, tous confrères,
Si tout le mond' *serait* menuisier.

BOUFFARD, *avec flegme*. Tu es *t'un* fanatique.

MICHEL. Possible, père Bouffard, possible... mais je suis né dans l'état, je mourrai dans l'état ; le chêne et le sapin, v'là mes quatre élémens : je suis l'homme des

---

* Mme Bouffard, Michel, Bouffard.

bois. (*Gaîment.*) Pas singe, pas singe... je m'entends... menuisier dans l'ame.

BOUFFARD. Et c'est pour donner de ces idées-là à Mˡˡᵉ Cécile que tu lui apportes des livres ?

MICHEL. C'est pour lui faire plaisir, et à moi aussi ; pauvre jeunesse ! elle n'a pas déjà tant d'agrément ici... elle qui fait la fortune de ce café, le plus beau moment. de sa journée, c'est quand on lui dit d'aller se coucher... et ça me fait de la peine ; une personne seule !.. Au bout de tout ça, c'est moi qui *l'a* amenée chez les Radigot.

BOUFFARD. Comment ça ?.. ils disent que c'est eux qui l'ont recueillie.

MICHEL. Eux ! les Radigot ? Des banques, des banques ! V'là ce que c'est, père Bouffard : C'était l'hiver d'il y a douze ans, qu'il faisait un froid !.. oh ! mais un froid... vous vous rappelez ?.. J'étais mioche, en apprentissage, j'avais quinze ans. En dînant avec mon pain et mon fromage, je me chauffais à un marchand de marrons ; tout d'un coup, j'entends, à vingt pas de là, quelque chose qui pleurait au coin d'une borne... je m'approche... une petite fille, une pauvre petite fille, une moutarde de quatre, cinq ans qui gémissait en disant : Maman, maman !.. Ça me fend le cœur à moi, ce spectacle d'enfant. Ous'qu'est ta mère ?. que je lui dis en faisant une petite voix douce. Elle me dit, toujours en pleurant, qu'elle est partie ; je me dis : c'est une enfant perdue, ça... Michel, que je m'ajoute, Michel, tu es menuisier, mon garçon !.. Est-ce qu'il sera dit qu'un menuisier aura vu une petite orpheline, sans lui donner de quoi ? Jamais !

AIR : *Au temps heureux de la chevalerie.*
Tout en pleurant, à mon tour je la r'garde :
Depuis deux jours elle jeûnait, je crois,
J' donn' la moitié d' mon pain à la moutarde ;
Ell' le dévore... et je m' dis à part moi :
Pauvre apprenti, n' gagnant rien par semaine.
Je suis bien gueux, j' n'ai pas beaucoup d'argent ;
(*Avec expression.*)
Mais j'ai ma mèr'... la p'tit' n'a plus la sienne...
Et c'est au riche à sout'nir l'indigent.

BOUFFARD. C'est bien, ça, Michel ; j'ai toujours dit que tu étais un brave garçon.

MICHEL. Alors, pour la réchauffer, je la prends dans mon *tabellier*, et je l'apporte ici, qui était le café des *Quatre-Saisons* à l'époque, café borgne, très-borgne, ous' qu'il ne venait pas quatre chats. Je fais venir une *bavarloise* que je donne à l'enfant... Finalement que je conte la chose au père Radigot, et qu'il me dit que n'ayant pas de progéniture, il veut bien la prendre... Un instant, que je lui réponds, je veux la mettre entre bonnes mains; elle m'appartient, c'est moi qui *l'a* trouvée. Je prends des renseignemens... les Radigot sont de braves gens, je leur donne la petite... Ils font mettre ça dans les journaux, ça fait du bruit, le père Radigot change son enseigne, il met : *Café de l'Orpheline,* la vogue s'en mêle, tout le monde veut voir la petite Cécile qui était un bijou ; elle devient grande et jolie, la vogue reste encore bien mieux ; ils gagnent des mille et des cent, et à cette heure qu'ils sont riches, j'espère bien qu'ils ne l'abandonneront pas. Moi, de mon côté, je veille sur elle, sans avoir l'air, parce qu'une jeunesse sans expérience, dans un café... il y a des godelureaux... et je ne lui ai pas sauvé la vie, pour que plus tard elle donne dans le travers. V'là l'histoire, père Bouffard, v'là l'histoire.

BOUFFARD. Ah ça ! mais tu ne nous avais jamais parlé de ça.

Mme BOUFFARD. Jamais, au grand jamais.

MICHEL. A quoi que ça aurait servi ? Mlle Cécile elle-même ne se rappelle pas que c'est moi qui *l'a* sauvée de la borne, et je ne le lui ai jamais dit.

Mme BOUFFARD. Comment, elle ne sait donc pas...

MICHEL. Et je ne le lui dirai jamais. Elle pourrait se croire obligée à de la reconnaissance, et je veux qu'on m'aime pour moi, de bonne amitié, sans intérêt, comme j'aime les gens... et si je la voyais malheureuse!... Mais ne parlons plus de ça, et gardez-moi le secret... c'est à votre conscience de maître menuisier que j'ai confié la chose.

SCENE VI.

GRAPON, Mme BOUFFARD, MICHEL, BOUFFARD, ANTÉNOR.

(Anténor est entré par le fond pendant la dernière réplique de Michel ; il jette un coup d'œil vers la porte du laboratoire, et va s'asseoir à la table qu'occupaient précédemment M. et Mme Bouffard. Il fait un signe au garçon, qui s'approche de lui ; celui-ci, bientôt après, lui sert du café. — Tout ce jeu de scène est silencieux, et ne doit pas interrompre la conversation de Michel et de Bouffard.)

BOUFFARD, *à Michel.* C'est mort. (*Apercevant Anténor qui s'est assis.*) Tu parles de godelureaux qui rôdent autour d'elle... Tiens, en voilà un qui vient depuis un mois : le collet de velours, là, près du comptoir.

MICHEL. Connu ! je l'ai déjà dévisagé...

j'ai été aux renseignemens ; c'est un appelé Anténor Verdier, le fils d'un banquier de la Chaussée-d'Antin. J'ai l'œil, j'ai l'œil, n'ayez pas l'air... (*Apercevant Cécile qui entre.*) La voilà !

GRAPON, *avec joie, et criant de toutes ses forces.* Domino!

MICHEL, *faisant un mouvement d'effroi comique au cri de Grapon.* Le diable les emporte, ces dominicains-là, je ne savais pas ce qu'il y avait !

SCENE VII.

LES MÊMES, CÉCILE, *entrant par la gauche, une broderie à la main, et descendant sur l'avant-scène. Son costume est très-simple.*

CÉCILE.

AIR *Anglais.*
Matin et soir,
Fidèle à mon devoir,
A ce comptoir
Gaîment je viens m'asseoir ;
Jamais un seul désir
Qu'on ne voie accomplir ;
Un tel bonheur ne doit jamais finir.

ENSEMBLE.

Matin et soir, etc.

CHOEUR.

Quel enjoûment !
Quel ton, quel air charmant !
De sa douce simplicité,
De sa jeune beauté,
Chacun de nous est enchanté.

(*Cécile s'assied dans le comptoir.*)

Mme BOUFFARD. Ah! à la fin, vous v'là donc, ma bonne petite mamzelle Cécile! qu'est-ce que vous brodez donc là !

CÉCILE. C'est une collerette.

Mme BOUFFARD. Oh ! le joli dessin. Eh bien! j'ai oublié mon ouvrage... moi qui voulais m'asseoir auprès de vous pour travailler ; c'est égal, je vais jusqu'à la maison pour le prendre, et je reviens.

(*Elle sort par le fond.*)

CÉCILE. C'est trop de bonté, madame.

SCENE VIII.

CÉCILE, *au comptoir,* ANTÉNOR, *à la table, devant le comptoir,* GRAPON *et trois autres habitués à une table un peu plus en arrière,* MICHEL *et* BOUFFARD *à la table à droite.* HABITUÉS *aux autres tables.*

CÉCILE, *apercevant le livre que Michel a placé sur le comptoir.* Un livre ? (*A Anténor.*) Ah! monsieur Anténor, c'est à vous que je dois cette complaisance!... C'est bien gentil de votre part.

ANTÉNOR. Mademoiselle !

MICHEL, *à part.* Comment à lui? (*A Anténor, en se levant.*) Dites donc, dites donc! (*A Cécile.*) C'est moi, mamzelle, qui ai mis ce livre-là sur votre comptoir.

CÉCILE. Ah ! pardon, monsieur Michel, j'avais cru, comme hier je parlais devant monsieur du désir d'avoir quelque ouvrage intéressant...

MICHEL, *d'un air pénétré.* Et vous ne me croyez pas capable d'avoir eu l'attention...

CÉCILE. Comment, c'est pour moi?

MICHEL. Oui, mamzelle! (*A Bouffard, en s'asseyant.*) Si j'avais un habit à collet de velours, on me croirait prévenant...

CÉCILE. Mille remercîmens, mon bon monsieur Michel... Est-ce un roman? il y en a de si jolis!... (*Elle ouvre le livre.*) Ah! Emile! c'est de Jean-Jacques! je ne l'ai jamais lu; mais je sais que c'est un bon ouvrage.

MICHEL. Oui, oh! oui, je l'ai lu, moi.. et ça vous amusera. (*Il se lève et s'approche du comptoir, en disant, à demi-voix, à Anténor, qu'il est forcé de déranger.*) Excusez! (*A Cécile.*) J'ai mis le petit cordon à un endroit qui prouve que cet homme-là savait diablement bien apprécier les professions.

CÉCILE, *un peu étonnée.* Ah! ah! tiens! tiens!

MICHEL, *retournant à sa place.* Et comme je vais au pays, je ne veux pas que vous vous ennuyiez pendant ce temps-là..... vous êtes souvent exposée à vous ennuyer dans votre comptoir.

CÉCILE. Mais, pas trop; je lis, et j'examine les figures des allans et venans. Il y en a quelquefois de si drôles!... ah! ah! ah!

MICHEL, *avec intention.* Des fois, des fois; mais il y a aussi des olibrius qui ne sont guère amusans...

CÉCILE. Ah! vous partez?

MICHEL. Pour quinze jours... affaires de famille... je reviendrai; car, moi, je ne me plais qu'ici... à Paris.

CÉCILE. Oh! alors, nous avons des goûts bien différens. Moi, j'adore la campagne, la verdure... je raffolerais des Prés-Saint-Gervais, si on pouvait n'y rencontrer personne.

ANTÉNOR. Vous avez la passion du champêtre, mademoiselle?

CÉCILE. Non, pas précisément, mais de l'isolement, de la tranquillité... J'ai rêvé des projets... Oh! mais vous allez me dire que je suis une folle, une enfant! J'ai rêvé une petite maison seule, pas de luxe, avec un petit jardin, et une basse-cour...

oh! une basse-cour surtout, dont j'aimerais à prendre soin... On a des poulets.... on leur jette du grain, petits, petits, petits! ils viennent, ils vous entourent... Ah! c'est gentil!...

MICHEL, *avec intention.* Passe pour les poulets, mais il me semble que pour être entourée d'oies et de dindons, il n'y a pas besoin d'aller... je m'entends...

(Il indique par gestes à Bouffard que ce n'est pas de lui, Bouffard, qu'il s'agit, et qu'il a voulu faire allusion à Anténor.)

ANTÉNOR.

Air *de Partie et revanche.*

Mais vraiment, c'est un ermitage
Que vous rêvez !

CÉCILE.
J'ai des goûts campagnards.

ANTÉNOR.
Bon ! des fruits, des œufs, du laitage,
Puis des pigeons, des poules, des canards.

MICHEL.
Moi, dans tout ça j' n'approuv' que les canards.
Oui, la seul' chos' dont je raffole,
En fait d' légumes et de bass' cour,
C'est un canard dans la cass'role,
Avec des navets tout autour.

ANTÉNOR, *très-empressé.* Permettez-moi de penser, mademoiselle, que vous êtes appelée à un plus noble sort... avec vos grâces... vos qualités...

MICHEL. Oh! sans doute, vous ne manquerez pas, à Paris, de gens qui voudront vous en faire, des sorts... qui vous offriront des meubles d'acajou... mais, voyez-vous, mademoiselle Cécile, un bon mobilier en noyer, en beau noyer ronceux, c'est plus solide pour l'usage, et pour la réputation d'une jeunesse... ce que j'en dis, mademoiselle, c'est que Michel... il a ses idées... méfiez-vous... méfiez-vous...

CÉCILE. Et de qui voulez-vous donc que je me défie, monsieur Michel? (*A Anténor, en riant.*) Est-il drôle!

MICHEL. De tout le monde.

CÉCILE, *à Anténor.* Ce garçon est extraordinaire, il dit les choses d'une manière si amusante !...

(Ici Anténor se lève à moitié, appuie ses coudes sur le comptoir et parle bas avec Cécile.)

MICHEL, *à part, se levant.* Elle ne sait pas ce qu'il y a là... (*montrant son cœur*) elle ne le sait pas... (*Regardant Cécile, qui chuchote avec Anténor.*) Ils parlent tout bas... est-ce qu'elle l'aimerait déjà?.. oh! mais non... pas possible...

(Pendant ces derniers mots de Michel, Bouffard est allé se placer derrière un des joueurs de domino, à la table de Grapon, et semble suivre de l'œil la partie engagée.)

LE GARÇON, *entrant par le laboratoire, à*

Cécile. Mamzelle! M. et Mme Radigot vous demandent, là-haut.

CÉCILE, *se levant.* J'y vais*. (*A Michel, en descendant la scène.*) Si je ne vous revois pas, bon voyage, monsieur Michel!

MICHEL. Bon voyage, mamzelle!.... c'est-à-dire, à revoir!... (*A part.*) Moi qui lui dis : Bon voyage! j'ai la tète tout à l'envers. (*A Cécile.*) Vous lirez cela, n'est-ce pas?

CÉCILE. Je vous le promets...

MICHEL. C'est que j'y tiens.... oh! j'y tiens beaucoup... Là où est le petit cordon...

AIR *du Renégat.*

Le seul espoir auquel mon cœur se livre,
(Pardon, mamzell', de ma témérité !
C'est qu' malgré vous quand vous lirez ce livre,
Vous songerez à qui vous l'a prêté.
CÉCILE.
Ah ! pour moi, quel doute cruel !
Moi, vous oublier, bon Michel !
MICHEL.
N'import', mamzell', j'emport' l'espoir
Que vous le lirez chaque soir.
Au r'voir !
CÉCILE.
Au r'voir !

(*Cécile sort par le laboratoire.*)

SCENE IX.

ANTÉNOR, GRAPON, BOUFFARD, MICHEL.

MICHEL, *la suivant des yeux.* Non! elle n'aime personne... je suis tranquille.

BOUFFARD, *parlant pour le joueur auquel il donnait des conseils.* Blanc-deux! qui est bon dans l'omelette, comme on dit.

MICHEL, *se retournant au cri de Bouffard, et avec mauvaise humeur.* Sont-ils enragés donc ceux-là, avec leur domino?... un vrai jeu de chien savant.

BOUFFARD. Eh bien! Michel, mon garçon, tu vas manquer la voiture; voilà six heures, tu flânes...

MICHEL, *d'un air préoccupé.* Père Bouffard... je flâne... je flâne... sans flâner.... mais il a raison, voilà l'heure... Allons! père Bouffard...

AIR : *Allons, partez, bonne chance.* (Pécherel l'Empailleur.)
Adieu ! je m' mets en voyage ,
Ma mèr' m'appelle à son secours,
J'y cours !
Pauvre femme, hélas ! à son âge,
On doit trouver les derniers jours
Si courts !
Tàchons d'en prolonger le cours.
Adieu! je m' mets en voyage, etc.

* Anténor, Grapon, assis; Bouffard, debout auprès des joueurs au domino; Cécile et Michel sur l'avant-scène.

BOUFFARD, GRAPON *et* UN HABITUÉ.
ENSEMBLE.
Adieu , Michel , bon voyage !
Song' { qu'il a } besoin de ton secours,
{ que j'ai }
Toujours.
Voilà la saison de l'ouvrage ,
Tu sais qu'à toi seul j'ai }
C'est à toi seul qu'il a } recours ,
Accours.
Au revoir donc , dans quinze jours.

(*Michel sort accompagné de Grapon et de deux autres habitués.*)

SCENE X.

LES MÊMES, *excepté* MICHEL.

BOUFFARD, *à part, d'un air de doute.* Michel... Michel... il a quelque chose... je vois ça, moi! je le connais depuis si long-temps.

ANTÉNOR, *à part.* Elle tarde bien à revenir.

SCENE XI.

LES MÊMES, Mme BOUFFARD, *entrant par le fond, puis* DUBOURG *et* CECILE, *entrant par la gauche.*

Mme BOUFFARD. Ma petite Cécile! me voilà!... Eh bien! où est-elle donc?

DUBOURG, *entrant avec Cécile, qu'il tient par la main. Dubourg est rayonnant de joie, Cécile paraît fort abattue.* Messieurs les habitués du *Café de l'Orpheline!* je vous annonce que désormais c'est chez moi que j'aurai le plaisir de vous recevoir.. j'achète le fonds, eh! eh ! eh !

ANTÉNOR, BOUFFARD, Mme BOUFFARD *et* TOUS LES HABITUÉS, *se levant.*
Comment?
Comment? *
DUBOURG.
Je viens de terminer l'affaire,
C'est moi qui suis propriétaire,
Chef de cet établissement.
TOUS.
Quel changement !
DUBOURG, *présentant Cécile.*
Je vous présente ma future.
BOUFFARD.
Quelle étrange aventure !
ANTÉNOR , *à part, regardant Cécile.*
Je veux , malgré cela ,
Jusqu'au bout, je le jure,
Conduire l'aventure.
CÉCILE, *à part, regardant Anténor.*
Pourquoi donc est-il encor là?..

* Anténor, Dubourg. Cécile, Mme Bouffard, Bouffard.

DUBOURG, *remontant la scène et indiquant Cécile.*
Mes chers cliens, malgré ce mariage,
Rien n'est changé, je compte vous revoir.
Comme autrefois, femme jolie et sage
Continûra d'embellir le comptoir. *

(*Dubourg cause avec plusieurs habitués.*)

ANTÉNOR, *s'avançant vers Cécile, pendant que l'orchestre exécute avec sourdines.*
Madame, dans une circonstance si solennelle, permettez-moi de vous offrir mes félicitations...

CÉCILE, *les yeux baissés.*

Suite du morceau.
(*A part.*)
Je les reçois ! Pauvre Cécile !..
Mᵐᵉ BOUFFARD, *à Cécile.*
Cacher vos pleurs est inutile,
Car je les vois, pauvre Cécile !

(*Cécile lui impose silence du geste.*)

BOUFFARD, *à part.*
J' crois qu' si Michel eût été là ,
Ça n' se s'rait pas passé comm' ça.

* Dubourg, sur le second plan, Anténor, Cécile , Mᵐᵉ Bouffard, Bouffard.

BOUFFARD, ANTÉNOR, Mᵐᵉ BOUFFARD.
Quell' trahison !
D' la part des maîtr's de la maison !
Quoi ! la vendre avec la maison !

ENSEMBLE.
C'est une horreur !
CÉCILE.
Ah ! quel malheur !
ANTÉNOR.
Dieu ! quel bonheur !
Pour moi, cette heureuse alliance
Est un doux motif d'espérance ;
J'entrevois déjà le bonheur.
BOUFFARD , Mᵐᵉ BOUFFARD.
ENSEMBLE.
C'est une horreur !
CÉCILE.
Ah ! quel malheur !
ANTÉNOR.
Dieu ! quel bonheur !
CHOEUR.
Ah ! quel bonheur !

(*Pendant la dernière reprise, Dubourg prend la main de Cécile, qui se dirige tristement vers le comptoir ; Anténor la regarde avec intérêt ; Bouffard et Mᵐᵉ Bouffard avec douleur ; tout le monde se rassied, et le rideau baisse.*

ACTE DEUXIÈME.

Le théâtre représente l'intérieur du café très-richement décoré. Porte d'entrée au fond. A gauche l'escalier qui conduit au billard. A droite, au premier plan, le comptoir, et plus loin, du même côté, la porte qui conduit au laboratoire.

SCENE PREMIERE.

DUBOURG , *le coude appuyé sur le comptoir,* CÉCILE , *assise au comptoir ; elle est pâle et paraît souffrante. Dubourg porte un habit, serviette sous le bras. Cécile est vêtue avec élégance.*

DUBOURG , *avec brusquerie.* Madame, toutes vos jérémiades n'y font rien... c'est votre faute !

CÉCILE. Ma faute ?

DUBOURG. Oui , madame, votre faute ! depuis le jour fatal où j'ai acheté cette maison...

CÉCILE, *se levant.* Jour fatal ! oui, monsieur.

DUBOURG , *descendant la scène.* Tout va de mal en pis. La clientelle diminue, on ne fait plus rien. Voilà midi , et il n'est encore venu personne. D'où cela vient-il ?

CÉCILE. Que voulez-vous , monsieur, que je réponde à cela ?

DUBOURG.* Croyez-vous qu'on vienne ici pour entendre soupirer, pour voir pleurer ? vous n'agissiez pas ainsi , autrefois !
(*Vivement et avec brusquerie.*)
AIR : *Ce que j'éprouve en vous voyant.*
Oui, vous aviez à tout moment
Quelque chose d'aimable à dire,
On recherchait votre sourire,
Votre gaîté, votre enjoûment...
De la maison c'était le talisman.

* Dubourg, Cécile.

Mais dans vos yeux si quelque chose brille,
Ce sont des larmes de regret ;
On se détourne , on gémit en secret !
Cette gaîté de jeune fille,
Répondez, qu'en avez-vous fait ?

CÉCILE , *avec douleur.* Vous me le demandez , monsieur ?

(*Plus lentement.*)

Même air.
Orpheline, et sans souvenir,
Dans ce comptoir j'étais heureuse,
Oui, j'étais gaie, insoucieuse
Du présent et de l'avenir....
A mon cœur seul je devais obéir.
Car, bien que pauvre et sans famille,
A mes désirs tout souriait,
(*Avec intention.*)
Personne ne m'humiliait...
(*Avec expression.*)
Ah ! ce bonheur de jeune fille,
Dites-moi, qu'en avez-vous fait ?

DUBOURG , *qui s'est éloigné avec impatience.* Et de quoi vous plaignez-vous ?

CÉCILE. Moi , monsieur ?.. Oh! de personne... j'aurais tort...

DUBOURG. Pour retenir ici la vogue qui m'abandonne, j'ai fait décorer ce café avec luxe... j'ai fait des dettes énormes... et votre air chagrin est là pour neutraliser mes efforts..... Tout le monde , tout le monde s'est éloigné... Un seul ami m'est resté fidèle , M. Anténor, digne jeune homme, qui voudrait prévenir le désastre de ma maison.

CÉCILE, *avec émotion.* M. Anténor !..

DUBOURG. Oui, madame, M. Anténor ! sans lui, sans son secours, ma maison serait fermée... et vous semblez lui faire mauvaise mine pour le chasser aussi..... (*Mouvement de Cécile.*) Je l'ai vu.

CÉCILE, *avec contrainte.* Vous lui devez de l'argent ?...

DUBOURG. Et je vais lui en devoir plus encore... car je suis écrasé d'engagemens, et s'il ne vient à mon aide...

CÉCILE, *avec douceur.* Mais cet argent que vous lui empruntez, vous ne pourrez pas le lui rendre ?..

DUBOURG, *brusquement.* J'en fais mon affaire. Il m'a promis d'amener quelques amis, des jeunes gens à dépense !... (*Apercevant Bouffard qui entre avec Grapon et quelques autres.*) En attendant, voici quelques habitués ! allons ! soyez gaie ! faites comme moi !

(Cécile va s'asseoir au comptoir, tandis que Dubourg, qui a pris un air riant, va au-devant des arrivans.)

SCENE II.

DUBOURG, BOUFFARD, GRAPON et DEUX AMIS, CÉCILE *au comptoir,* UN GARÇON DE CAFÉ. *Le garçon de café, qui avait une tenue très-mesquine au premier acte, a maintenant une mise très-élégante.*

DUBOURG, *gaîment.* Eh bien, mes chers habitués, êtes-vous contens des embellissemens que j'ai faits à mon café ? Ah ! ce n'est plus noir et enfumé comme du temps des Radigot.

BOUFFARD. C'est vrai.

DUBOURG.
AIR : *De sommeiller encor, ma chère.*
Oui, le café de l'Orpheline
Etait ignoble, et j'en fais un salon.
Entre mes mains c'est une mine,
Dont ils n'ont usé qu'un filon.
Les habitans de cette ville immense
Y viendront tous.
BOUFFARD.
Oui, je le crois ;
Mais ce sera fort long, je pense,
Car il n'en vient guère à la fois.

DUBOURG, *à part.* Il n'a que trop raison. (*Haut.*) Que faut-il servir à ces messieurs ?

BOUFFARD. Des petits verres, puisqu'on ne vend plus de bierre ici.

GRAPON. Et un domino.

DUBOURG. Voilà ! (*Au garçon.*) Servez.

BOUFFARD, *tirant Dubourg à l'écart, tandis que Grapon et ses deux amis se sont assis à la table devant le comptoir.* Est-ce que vous ne pourriez pas me donner un àcompte sur les travaux que j'ai faits ici ?

DUBOURG. J'attends une rentrée, bientôt vous serez satisfait.

BOUFFARD, *allant s'asseoir.* Ah ! tant mieux, car, voyez-vous, c'est terrible d'attendre comme ça.

(Le garçon sert. Bouffard, Grapon et les autres se préparent à jouer au domino. Dubourg va au comptoir : il semble faire quelques recommandations à sa femme, et il sort par le laboratoire.)

SCENE III.

BOUFFARD, GRAPON *et* SES DEUX AMIS *à la table,* CÉCILE *au comptoir.*

GRAPON. Mais qu'est-ce que vous avez donc, monsieur Bouffard ? À qui la pose ? (*Chacun tire un dé.*) A moi. Depuis quelque temps vous êtes tout soucieux ?..

BOUFFARD. J'ai... que j'ai trop de travaux... Je comptais sur mon premier garçon, et il ne vient pas.

GRAPON. Du quatre !

BOUFFARD. De l'as. Michel ! vous le connaissez ?

GRAPON. Ah ! Michel ! oui, un gros réjoui.

BOUFFARD. Il devait revenir au bout de quinze jours... mais sa mère a fait une maladie. Voilà trois mois qu'il est auprès d'elle...

GRAPON. Blanc partout !..

BOUFFARD, *plaçant ses deux dés.* Le double et domino.

GRAPON, *abattant son dé.* Six points.

BOUFFARD. L'Africain ! *Scipoin* l'Africain ! c'est une farce qui se dit aux dominos, je n'ai jamais su pourquoi.

(Ils rient tous.)

SCENE IV.

LES MÊMES, ANTÉNOR, OSCAR, *et* PLUSIEURS AUTRES JEUNES GENS. DUBOURG, *qui vient d'entrer, et qui est allé à leur rencontre jusqu'au fond.*

CHOEUR.
AIR : *final du comte Ory.*
Le plaisir fuit, mais sur ses pas
Dirigeons notre course ;
Les ennuis de la bourse
En ces lieux ne nous suivront pas. *
ANTÉNOR, *à Dubourg.*
Ici je vous présente
(On peut en juger à leurs chants)
Une troupe charmante
D'amis joyeux, de bons vivans.
CHOEUR.
Le plaisir fuit, mais sur ses pas, etc.
(Pendant la reprise du chœur Anténor est allé saluer Cécile.)

____
* Les jeunes gens, Anténor, Dubourg, Oscar

ANTÉNOR. Oui, mon cher monsieur Dubourg, j'ai dit à mes amis : Portons au café de l'Orpheline nos habitudes de joyeuse vie ; contribuons à faire la fortune d'un galant homme... et nous voilà !..

TOUS. Nous voilà !

DUBOURG, *prenant la main à quelques-uns.* Messieurs ! je suis sensible...(*Bas à Anténor qu'il prend à part*.*) Eh bien ! pouvez-vous me rendre le service que j'attends de vous ? avez-vous reçu vos fonds de Rouen ?

ANTÉNOR, *bas à Dubourg.* Eh ! mon Dieu non ! il y a un retard, des démarches à faire, et je ne puis m'absenter... Si j'osais vous prier de faire le voyage !

DUBOURG, *avec empressement.* Volontiers, s'il le faut...

ANTÉNOR. C'est indispensable. Je vous donnerai ce soir ma procuration...

OSCAR. On nous a dit, monsieur Dubourg, que vous excelliez au billard.

DUBOURG. Oh ! je suis d'une force... moyenne.

ANTÉNOR. Modestie de limonadier. Je vous donne monsieur Dubourg comme un des hommes les plus forts...

DUBOURG. Si ces messieurs désirent faire une partie...

OSCAR. Comment ? une partie ? dix ! (*Il appelle.*) Garçon ! du punch..... deux bols... trois bols... au billard !

(*Il remonte un peu.*)

DUBOURG, *à part, avec joie.* Quelle clientelle ! (*Au garçon.*) Allez préparer le billard.

(*Le garçon monte au billard, Dubourg serre affec-tueusement la main d'Anténor.*

ANTÉNOR, *à demi-voix, à Dubourg.* Allons donc ! cela n'en vaut pas la peine.

(*Dubourg, dans le mouvement de la joie qu'il éprouve, dit quelques mots tout bas à Bouffard et à ses amis, tandis qu'Oscar, qui avait remonté la scène, descend près d'Anténor. Dubourg se dirige alors vers le comptoir et parle à Cécile d'un ton très-animé.***

OSCAR, *bas à ses amis.* Il est très-bon, le limonadier !

ANTÉNOR, *bas à Oscar en souriant.* Je l'envoie à Rouen.

OSCAR, *dissimulant son envie de rire.* Parfait !

ANTÉNOR, *bas à Oscar.* Comment la trouves-tu ?

OSCAR, *de même.* Charmante !

ANTÉNOR, *à demi-voix, aux jeunes gens.* Maintenant, poussez à la consommation...

---

* Jeunes gens à l'extrême gauche, Oscar ; Dubourg, Anténor, Bouffard et ses amis, à table ; Cécile au comptoir.

**Les jeunes gens, Anténor, Oscar, Bouffard, Grapon, Dubourg, Cécile.

AIR *de Julie.*
Que chacun ici de sa place
Observe bien les devoirs rigoureux :
Le limonadier est rapace,
Et sa femme a l'œil langoureux.
A double titre ils sont nos tributaires :
On prend toujours (ou très-souvent du moins)
Les femmes par les petits soins,
Les maris par les petits verres.

SCENE V.

LES MÊMES, DUBOURG.

LE GARÇON, *sur l'escalier.* Messieurs, vous êtes servis !

OSCAR. Bravo ! A nous deux, papa Dubourg !

ANTÉNOR. Et moi donc ! (*A part.*) Une partie de billard, et dépêchons-nous de perdre pour être libre.

DUBOURG, *à Cécile, en se dirigeant vers le billard.* Oui, demain ! préparez tout pour mon départ !

(*Anténor, Oscar et les jeunes gens montent au billard avec Dubourg ; Cécile quitte le comptoir et sort par le laboratoire.*)

SCÈNE VI.

BOUFFARD, GRAPON *et* DEUX AMIS.

BOUFFARD, *à part.* Il emmène le mari au billard ! (*Haut.*) Vous n'avez pas vu ça, vous autres ?

SCENE VII.

LES MÊMES, MICHEL.

MICHEL, *chantant hors de vue.*

AIR *du premier acte.*

Amour et menuis'rie,
Doux charmes de la vie...
Quoique je sois en r'tard,
(*Entrant avec une valise sous le bras.*)
Me v'là, papa Bouffard. (*Bis.*)

BOUFFARD, *quittant sa partie.* Michel !

MICHEL, *se jetant dans ses bras.* Eh ! oui, me v'là ! les bons enfans ne mourront jamais ! Bonjour, père Bouffard ! bonjour ! comment que ça vous va ?

(*Il pose sa valise par terre près de la table à gauche. Grapon et les deux amis, après avoir serré la main de Michel, sortent par le fond. Grapon a payé au garçon le prix des petits verres.*)

SCENE VIII.

BOUFFARD, MICHEL.

BOUFFARD. Bien, mon garçon, très-bien !.... tu as joliment de l'ouvrage qui t'attend !

MICHEL. Tant mieux, père Bouffard, tant mieux... depuis trois mois que je flâne au pays, les mains me démangent de reprendre ma besogne... c'est qu'elle a été bien mal ma pauvre vieille bonne mère!.. oh! bien mal... et alors, vous comprenez que j'ai attendu son rétablissement; d'abord, pour partir tranquille; et puis, j'avais besoin d'un petit papier... d'un fameux petit papier qu'elle m'a signé... qu'elle m'a signé en pleurant, c'te pauvre bonne femme, et en me donnant sa bénédiction, et en me disant : Sois heureux, mon enfant!.. Et la bourgeoise, comment qu'elle va?

BOUFFARD. Bien, bien!.. Mais quel papier donc?

MICHEL, *gaîment et d'un air entendu.* Ah! père Bouffard, ça c'est un secret... je ne vous le dis pas, parce que... il n'y a encore que la moitié de la chose de faite...... vous saurez ça... et vous en serez content. (*A part, en regardant le comptoir.*) Et elle? va-t-elle être surprise de mon toupet! Demander le consentement de ma mère avant d'avoir le sien! (*Haut.*) Quand je dis content, non, vous ne le serez peut-être pas... parce que, voyez-vous, père Bouffard, la première chose de la vie, c'est l'indépendance...c'est de pouvoir dire : Je travaille quand je veux, je me promène quand je veux, et il n'y a personne pour y trouver à redire. Vous êtes mon maître, vous êtes un brave homme et votre femme aussi... mais, aujourd'hui pour demain, vous pouvez me dire : Michel! va-t'en!.. Cette idée-là, voyez-vous, cette idée-là me poursuit comme un cauchemar; aussi je voudrais m'établir. Du pain noir, s'il le faut, du pain et des pommes de terre, mais pas de maître. (*Il appelle.*) Garçon!

LE GARÇON. Voilà, monsieur, voilà!
(*Il enlève les dominos et les petits verres.*)

MICHEL, *à Bouffard, en regardant le Garçon.* Tenez, v'là-t-il pas un gaillard bien heureux! Je l'appelle, moi, pauvre compagnon menuisier, et il arrive, comme un malheureux esclave, me demander mes ordres... si cet homme-là avait un état en main, il serait indépendant; eh bien! non, il est le laquais du public... C'est vivre ça?.... Les filets de Saint-Cloud sont plus avantageux.

BOUFFARD. Tu as des idées de grandeur, mon pauvre Michel...

MICHEL. C'est mes idées comme ça... indépendant à mort!.. Garçon!.. une bouteille de bière, s'il vous plaît!

LE GARÇON. On ne donne plus de bière ici!

MICHEL. Je ne demande pas qu'on me la donne.

LE GARÇON. On n'en vend plus.

MICHEL. Comment? plus de bière! Eh! bien! qu'est-ce qu'on boit donc ici?

LE GARÇON. De l'orgeat, de la limonade, de l'eau sucrée.

MICHEL. De l'eau sucrée? eh bien! c'est ça!.. alors, donnez-moi un petit verre.

LE GARÇON. Voilà, monsieur!

BOUFFARD, *au Garçon.* Deux petits verres.
(*Le garçon prend un carafon et des petits verres sur le comptoir.*)

MICHEL, *tournant sur lui-même.* Mais comme il est retapé, le café! excusez! peinturluré sur toutes les coutures!... je le reconnaissais pas... Ils ont donc dévalisé la banque de France... car...

BOUFFARD. Ah! c'est vrai! ça s'est fait depuis ton départ.

MICHEL. Tiens! tiens! (*Le garçon sert les petits verres sur la table à gauche; au Garçon.*) Mam'selle Cécile, comment va-t-elle?

LE GARÇON. Mais, monsieur, il n'y a plus de mam'selle Cécile, ici.

MICHEL, *riant, et lui frappant sur l'épaule.* Ah! diable de malin! nous sommes donc farceur?

BOUFFARD. Ce qu'il te dit là est vrai.
(*Ici Michel prête l'oreille avec beaucoup d'attention. Il tient à la main son petit verre.*)

MICHEL, *avec inquiétude.* Ah! ça, qu'est-ce que c'est que c'te farce-là?

BOUFFARD, *s'asseyant.* Ah! c'est qu'au fait, depuis trois mois... Eh bien! non, Cécile n'est plus Mlle Cécile... elle est mariée!..

MICHEL, *jetant un cri.* Mariée!.. mariée!.. Cécile mariée!.... Ah! mon Dieu, monsieur Bouffard! Ah! mon Dieu! monsieur Bouffard!
(*Il pose machinalement son petit verre sur la table, et tombe défaillant sur le tabouret.*)

BOUFFARD, *se levant.* Eh bien! qu'est-ce que tu as donc? Michel! Michel!

MICHEL, *se contraignant.* Rien... rien... quoi! c'est la surprise..... et..... avec le collet de velours?

BOUFFARD, *appuyant ses deux mains sur la table et se penchant du côté de Michel.* Non... oh! un bon parti... les Radigot ont vendu; le café est à Cécile et à son mari, M. Dubourg.

MICHEL, *d'une voix émue.* Qu'est-ce que

c'est que ce Dubourg? est-ce un brave homme?

BOUFFARD, *d'un air de doute.* On ne sait pas... il me doit.

MICHEL, *avec une émotion toujours croissante.* Et elle l'a épousé... comme ça... sans... rien dire... sans... penser à personne? elle l'aimait donc?

BOUFFARD, *toujours dans la même position.* Faut croire.

MICHEL. Oh! oui... elle l'aimait... car... elle ne l'aurait pas épousé pour le tromper... elle en est incapable...

BOUFFARD. Hum! hum! on ne sait pas, mon garçon... il vient toujours ici le jeune homme au collet... (je ne sais pas son nom)..... et..... à la place du père Dubourg...

(*Il indique du geste qu'il le chasserait.*)

MICHEL, *avec force.* Croyez-vous, monsieur Bouffard, que ce M. Anténor...(car je me rappelle son nom, moi, il est gravé là!) croyez-vous que ce M. Anténor chercherait à abuser une jeune femme, à troubler son ménage, à la rendre malheureuse pour le restant de sa vie?..

BOUFFARD, *toujours de même.* On dit ce qu'on dit, et je soupçonne ce que je soupçonne...

MICHEL, *d'un ton menaçant.* Si je le savais !

BOUFFARD. Je vas annoncer ton retour à la bourgeoise; adieu, bois ton petit verre et sois raisonnable... (*Il remonte jusqu'au milieu du théâtre et revient prendre la main de Michel.* Adieu, Michel.

MICHEL, *d'un air abattu.* A revoir, père Bouffard; je vous suis...

BOUFFARD, *à part.* Il m'inquiète, quoique ça.

(Il sort par le fond.)

<hr>

SCENE IX.
MICHEL, *seul.*

(A peine Bouffard est-il sorti, que Michel se cache la figure dans les mains, et se place la face sur la table.)

Mariée !... oh ! mon Dieu ! mon Dieu ! mariée !.. (*Il se relève et reste assis.*) Et moi qui revenais... de bonne foi !.. moi qui trouvais que la diligence n'allait pas assez vite!.. moi qui relisais tout le long du chemin ce papier-là ! (*Il tire de sa poche un papier renfermé dans un petit portefeuille et le lit.*) « J'autorise mon fils Jules Michel Guyot, à épouser mademoiselle... » (*Il froisse le papier, le remet dans son portefeuille, et se lève.*) Mariée !.. c'est comme

si elle était morte pour moi... Non, c'est décidé... je ne viendrai plus à ce café... je ne peux plus ! (*Il appelle.*) Garçon !

(Il fouille dans sa poche.)

<hr>

SCENE X.

MICHEL, *auprès de la table.* LE GARÇON, CÉCILE

LE GARÇON, *qui était assis à la porte, en dehors, un journal à la main.* Voilà !

MICHEL, *à part, apercevant Cécile qui entre par la droite.* C'est elle! (*Au Garçon.*) Rien ! rien ! je paierai au comptoir. (*A part.*) Comme elle est changée !

CÉCILE, *à part.* M. Anténor est parti !.. tant mieux !..

(*Cécile est sur l'avant-scène; Michel debout, derrière la table à gauche, la regarde douloureusement sans être remarqué d'elle.*)

Air : *Je pars demain.* (Marie.)

Il n'est plus là !.. mais quel tourment j'endure
Depuis ce jour où l'hymen m'enchaîna!..
Depuis ce jour où j'ai dit : je le jure !
Ce doux repos que goûte une ame pure,
     Il n'est plus là !

(Elle met la main sur son cœur.)

MICHEL, *à part.* On dirait qu'elle a du chagrin... est-ce qu'elle ne serait pas heureuse?

(Cécile va lentement s'asseoir au comptoir.) *

MICHEL, *à part.* Allons! risquons la conversation ! (*Après quelques instans d'hésitation, il s'approche du comptoir les yeux baissés, et dit sans regarder Cécile.*) Nous avons... deux petits verres.

(Il tient une pièce de monnaie.)

CÉCILE, *avec une politesse indifférente.* C'est vous, monsieur Michel! vous voilà de retour?..

MICHEL, *de même.* Nous avons... deux petits verres...

CÉCILE. Et comment cela va-t-il?

MICHEL, *tournant entre ses doigts la pièce de monnaie, et toujours les yeux baissés.* Mais, mam'selle... c'est-à-dire madame... ça va... ça va bien, et vous?

CÉCILE. Bien, monsieur Michel... voilà au moins six semaines que vous êtes parti?

MICHEL, *plus ému, et cherchant à dissimuler son chagrin.* Oh! oui, au moins; il y a même trois mois...

CÉCILE. Déjà?..

MICHEL, *doucement, et d'un air de reproche.* Le temps ne vous a pas duré; il s'est passé tant de choses depuis ce temps-là !

CÉCILE. C'est vrai.

* Michel, Cécile.

MICHEL, *même jeu.* Oui, vous vous êtes... mariée !..

CÉCILE, *gaîment.* Et vous? quand en ferez-vous autant?

MICHEL, *vivement.* Moi ?.. (*Changeant de ton.*) Nous avons... deux petits verres. (*Il donne sa pièce à Cécile, qui lui rend de la monnaie, et il dit timidement.*) Vous n'avez pas lu le livre que je vous ai prêté?

CÉCILE. Je l'ai parcouru, car je n'ai pas eu le temps... (*Elle le prend dans le comptoir*) Tenez! le voici.

MICHEL, *prenant le livre et d'un air pénétré.* Merci, madame! (*Il s'éloigne du comptoir, ouvre le livre à la dérobée, et dit avec douleur.* Le petit cordon est à la même place... elle n'a pas même ouvert le livre.

CÉCILE. Mais, mon bon monsieur Michel, quand vous êtes parti, vous étiez gai, de bonne humeur... à présent vous avez l'air tout triste... tout...

MICHEL, *affectant de l'indifférence.* Peut-être bien... M. et Mme Radigot, ça leur a pris bien vite l'envie de se retirer?..

CÉCILE. Oui; ils demeurent maintenant à Montgeron..... ils ont acheté une propriété.

MICHEL. Ah !.. et ici, ils ont tout vendu?

CÉCILE. Tout !... (*en soupirant*) oui, tout !..

MICHEL, *vivement, à part, en s'éloignant.* Elle n'est pas heureuse !..

(Il est revenu près de la table, à gauche du spectateur, lorsqu'Anténor descend à bas bruit l'escalier du billard, et se dirige vers le comptoir.)

SCÈNE XI.
MICHEL, ANTÉNOR, CÉCILE.

CÉCILE, *émue.* C'est vous, monsieur Anténor? je vous croyais parti.

MICHEL, *à part.* Le collet de velours, je reste !

(Il feint de s'éloigner, prend sa valise, remonte la scène, se place derrière le poêle et prend un journal pour se donner une contenance.)

ANTÉNOR, *sans voir Michel, et s'appuyant sur le comptoir.* Avez-vous pu le penser? partir sans vous avoir dit un seul mot! Je viens chercher auprès de vous un bonheur que je ne saurais trouver ailleurs.

(Il prend une revue qui était sur le comptoir, et feint de la lire tout en parlant à Cécile.)

CÉCILE. Silence! de grâce, on pourrait vous entendre !...

ANTÉNOR. Je lis une revue.

MICHEL, *à part, avec désespoir.* Pourquoi que la *diligence* ne m'a pas passé sur le corps, durant la route?

ANTÉNOR, *à demi-voix, avec feu.* Oh ! ne cherchez pas à me désespérer : j'ai su lire dans votre ame, après quatre mois de constance et de soins...

CÉCILE. Monsieur !.. mais... j'étais libre alors... et je ne le suis plus...

ANTÉNOR. Sans doute, mais... un hymen disproportionné... auquel on vous a condamnée... est-ce donc un lien?..

CÉCILE. Ah ! monsieur !

ANTÉNOR. Eh bien!

CÉCILE.

Air *du duo de Théophile.*
Grand Dieu, qu'osez-vous dire?

(*Elle quitte le comptoir et descend sur l'avant-scène.*)

ANTÉNOR, *la suivant.*

Pourquoi vous alarmer ?
Dans ce cœur je sais lire,
Il a besoin d'aimer.

MICHEL, *à part.*

D'effroi mon cœur frissonne !

CÉCILE.

Si je formais ce vœu,
A vous moins qu'à personne
Je ferais cet aveu.
Prenez pitié, je vous supplie,
De la peine où vous me voyez !
Ne venez plus, je vous en prie.

ANTÉNOR.

Quoi ! vous me renvoyez?

ENSEMBLE.

MICHEL, *à part.*

Plus de doute, elle l'aime !
Ah ! pour moi quel effroi !
Dans ce malheur extrème,
O ciel ! inspire-moi !

ANTÉNOR, *à part.*

Espoir, bonheur suprème,
Je suis aimé, je crois;
Oui, son trouble est extrème !
Oui, Cécile est à moi.

CÉCILE, *à part.*

Quel embarras extrème !
Mon cœur tremble d'effroi,
Je me trahis moi-même,
Grand Dieu ! protége-moi !

ANTÉNOR, *avec passion.* Au moins, tournez les regards vers moi. Je tâcherai d'y deviner cette pensée qu'on s'efforce de me dérober... si c'est un ordre d'exil, j'obéirai ! vous ne me verrez plus...

CÉCILE, *comme malgré elle.* Plus !..

ANTÉNOR, *saisissant vivement sa main et lui donnant un baiser.* Oh ! non ! votre mari part demain... je reviendrai !

MICHEL, *à part.* Il reviendra !...

(Il pose avec force, sur le poêle, le journal qu'il tenait, et qui est attaché sur une planchette; le bruit fait retourner Anténor.)

ANTÉNOR, *se tournant du côté de Michel.* Qu'est-ce donc ?..

CÉCILE, *jetant un cri de surprise.* Oh! on a entendu !

(Elle s'échappe, d'un air confus, par la porte droite.)

ANTÉNOR, *se dirigeant vers le billard, et d'un air de triomphe.* Elle est à moi !

SCENE XII.

MICHEL, *seul, désespéré.*

Que faire? que faire? mon Dieu!.. mon Dieu! mais elle sera encore plus malheureuse! elle sera méprisée !.. Seigneur, mon Dieu !.. que faire ?

(Il marche à grands pas, dans la plus vive agitation. Le garçon monte au billard un plateau garni d'un bol de punch et de verres à punch.)

SCÈNE XIII.

MICHEL, BOUFFARD, *venant du dehors.*

BOUFFARD, *tout joyeux.* Michel! Michel! je viens t'annoncer une bonne nouvelle...

MICHEL. Tant mieux ! j'en ai de besoin.

BOUFFARD. Écoute , Michel , tu n'aimes pas être commandé. Un jour ou l'autre tu me quitteras pour t'établir... ce que tu m'as dit tout-à-l'heure m'a fait réfléchir : je te fais une proposition...

MICHEL. Quoi donc ?

BOUFFARD. Ma femme et moi nous devenons vieux ; je ne veux pas encore quitter... Veux-tu être mon associé? ma femme y consent.

MICHEL, *interdit.* Moi , père Bouffard !

BOUFFARD. Tu es-*t*-un bon enfant... ça te va-t-il ?

MICHEL, *avec joie.* Si ça me va? si ça me va? touchez là, père Bouffard ; vous êtes mon bienfaiteur !.. (*A part avec enthousiasme.*) Maître menuisier !.. le rêve que je fais depuis quinze ans !.. oh mon Dieu !.. (*changeant de ton tout-à-coup , et d'un accent pénétré*) oh ! mon Dieu ! si ça m'était venu trois mois plus tôt !..

(Ici on entend dans le billard un grand bruit de verres cassés, et des cris ensuite mêlés d'éclats de rire. Le garçon descend rapidement l'escalier, suivi immédiatement de Dubourg, puis d'Anténor, d'Oscar et des autres jeunes gens.)

SCENE XIV.

BOUFFARD , MICHEL, OSCAR , ANTÉNOR, DUBOURG , LES JEUNES GENS, LE GARÇON , *puis* CÉCILE, *arrivant après le chœur, par la porte à droite.*

CHOEUR.

AIR : *Allons, allons.* (De Cartouche et Mandrin.)
Oui, oui, c'est à bon droit,
Il faut, il faut qu'il sorte,
Qu'on le mette à la porte, } (*Bis.*)
Ce garçon maladroit.

CÉCILE , *entrant effrayée.* Qu'y a-t-il donc , bon Dieu ?

DUBOURG , *furieux , indiquant le garçon.* Il y a...il y a que je ne veux pas garder plus long-temps ce malheureux-là... Il vient de briser tout un plateau...

(Sur un geste impératif de Dubourg, le garçon ôte son tablier, le jette sur le poêle, avec la serviette qu'il tenait, et sort par la droite.) *

CÉCILE , *à Dubourg, avec embarras.* Voulez-vous donc que je reste seule ici ? vous partez demain pour huit jours!!.

MICHEL, *à part.* Pour huit jours.

DUBOURG. Je trouverai quelqu'un.

ANTÉNOR , *bas à Cécile.* Cécile, laissez-le partir.

CÉCILE , *d'un air de reproche.* Ah ! monsieur !..

MICHEL, *regardant Anténor , et à part.* Elle est perdue ! *A part, fort agité.* Ah ! je verrais une chose comme ça! (*d'un ton résolu*) eh bien ! non ! (*A Dubourg.*) Monsieur Dubourg!.. vous allez partir... vous avez besoin d'avoir chez vous un honnête homme...

DUBOURG , *étonné.* Vous avez quelqu'un à me recommander ?

BOUFFARD , *avec intérêt.* Qui donc ça ?..

MICHEL, *d'une voix émue.* Père Bouffard! êtes-vous homme à répondre de ma probité ?

BOUFFARD. Toi?

MICHEL, *à Dubourg.* Voilà mon répondant !

DUBOURG. Vous ?

MICHEL , *avec énergie.* Oui , moi... prenez-moi , monsieur Dubourg...

BOUFFARD , *stupéfait.* Est-il possible ?..

CÉCILE , *s'approchant de Michel , avec étonnement.* Vous, monsieur Michel ?

DUBOURG. C'est une affaire faite.

MICHEL , *mettant le tablier qui est resté sur le comptoir, et affectant l'air joyeux.* Merci, monsieur Dubourg ! j'ai toujours eu du goût, moi, pour votre partie.

BOUFFARD , *regardant Michel d'un air douloureusement étonné.* Je crois que je rêve... Michel , mon ami, mon associé, toi, si fier, si indépendant , tu n'as donc plus ta tête ?

MICHEL , *ému.* Non, père Bouffard ; mais j'ai mon cœur !

Finale de M. Massel.

ANTÉNOR, OSCAR , *et* LES JEUNES GENS, *groupés autour de la table à gauche.*
Allons, dépêchez-vous, de grâce !
Allons, garçon, c'est très-pressé,

---

* Les jeunes gens, autour de la table à gauche, puis Bouffard, Michel, Dubourg , Cécile, Anténor.

Qu'un nouveau bol de punch remplace
Celui qu'on a renversé.

MICHEL, *tristement.* Voilà, messieurs,
voilà! (*A part, avec douleur.*) Garçon!..
moi!..

(Il sort par la porte à droite.)

BOUFFARD, *à part.*
Quoi! lui qui trouvait tant de charmes
A v'nir diriger ma maison!..

CÉCILE, *à part, après avoir observé Michel.*
Dans les yeux de Michel, j'ai vu briller des larmes,
Quelle en peut être la raison?

MICHEL, *rentrant, un plateau de punch à
la main.* Voilà!

DUBOURG, *à Michel.*
Sur votre honneur, sur votre zèle,
D'avance (*bis*) je suis rassuré.

MICHEL, *avec intention.*
Monsieur! j' suis honnête et fidèle...
(*Regardant Cécile.*)
J'en fais serment!.. un serment c'est sacré..

(*A part, avec sentiment, après avoir posé le plateau sur la table.*)

Adieu! ma pauvre mennis'rie!
Mon bel état, faut t'oublier!
Qui m'aurait dit, quand j'ai sauvé sa vie,
Quelle me forc'rait à m' fair' limonadier?

ENSEMBLE.

MICHEL.
Adieu! ma pauvre mennis'rie! etc.

BOUFFARD, *à part.*
J' n'y comprends rien, c'est d' la folie!
Lui, qui craignait d' s'humilier,
Quitter ainsi, quitter la mennis'rie!
Changer l' rabot contre le tablier!..

DUBOURG, *à part.*
Ce garçon fera, je parie,
Un excellent limonadier,
Je vois déjà sur sa physionomie
Qu'il a beaucoup de goût pour le métier.

CÉCILE, *à part.*
De frayeur mon ame est transie...
Pourquoi change-t-il de métier?
Quelque dessein dont son ame est saisie
Semble en secret l'occuper tout entier.

CHŒUR.
Allons! faisons joyeuse vie!
Un accident doit s'oublier!
Et dans le punch, le rhum et l'eau-de-vie,
Tout souvenir va bientôt se noyer.

(*Pendant la ritournelle, les jeunes gens criant:*
Garçon!)

MICHEL, *humblement, et avec douleur.*
Voilà, messieurs, voilà!

(*Le rideau baisse.*)

ACTE TROISIEME.

Le théâtre représente un salon riche. Porte à deux battans au fond. A gauche, au premier plan, un secrétaire,
sur lequel est déposé une boîte à pistolets. Au deuxième plan, la cheminée avec pendule et candélabres.
A droite, au deuxième plan, une croisée; au troisième, la porte non apparente d'un cabinet. A droite, à
la hauteur du premier plan, un guéridon couvert d'un tapis et de tout ce qu'il faut pour écrire.

SCENE PREMIERE.

UN DOMESTIQUE, *d'abord seul, un plu-
meau à la main et occupé à ranger; puis
CÉCILE, vêtue d'un manteau de laine
foncé, et d'une robe d'indienne; elle est
coiffée d'un chapeau noir fané et ne porte
aucun bijou.*

LE DOMESTIQUE, *d'abord seul.* Monsieur
revient-il tard aujourd'hui!

CÉCILE, *entrant en désordre.* Ah! c'est
ici!... Ma raison s'égare... je ne sais où
me réfugier... dans cette maison, peut-
être... (*Au domestique.*) M. Anténor?

LE DOMESTIQUE. Il n'est pas chez lui.

CÉCILE. Tardera-t-il beaucoup à revenir?

LE DOMESTIQUE. Dam! je ne pourrais
pas trop vous dire; il n'y a que le valet
de chambre de monsieur qui sache ça,
vu que c'est lui qui reçoit les ordres; et il
est sorti. Moi, je suis pour le cabriolet.

(*Elle ôte son chapeau et son manteau, et les place
sur un fauteuil, derrière le guéridon.*)

CÉCILE. J'attendrai!

LE DOMESTIQUE. Comme il vous fera
plaisir.

(*Il sort par le fond.*)

SCENE II.

CÉCILE, *seule, s'asseyant accablée, devant
le guéridon.*

Quelle position! après moins d'une année de mariage! réduite à venir implorer
la pitié... (*Elle se lève.*) Se souviendra-t-il
de moi, lui qui depuis quatre mois a
tout-à-coup cessé de nous voir?... Ah! du
moins c'est un honnête homme; je n'ai
pas à rougir devant lui!.. grâce à Michel,
qui m'a éclairée sur les dangers qui me
menaçaient! Pauvre Michel! je crois l'entendre encore... déchirant une lettre que
j'avais écrite dans un moment d'égarement... « Vous vous perdez, » me disait-
il! Alors, aveuglée, hors de moi, je m'em-
portai... mon mari entra... Michel pouvait me trahir... il prit sur lui ma faute.
« J'ai manqué à madame, lui dit-il, elle
me renvoie, elle a raison... » Et mon mari

le chassa.... et moi, je le vis partir sans pouvoir lui dire un mot... (*Elle reste un instant pensive.*) Homme généreux! où es-tu maintenant?

ooooooooooooooooooooooooooooooooooooooooooo

SCENE III.

CÉCILE, MICHEL, *en livrée.*

MICHEL, *au domestique, en dehors.* Vous dites qu'une dame attend monsieur dans le salon?

(Il s'avance vers Cécile, qui est retournée.)

CÉCILE, *frappée d'étonnement.* Michel?

MICHEL, *vivement.* Mlle Cécile !... Vous, madame Dubourg?.. que venez-vous faire ici?

CÉCILE, *pouvant à peine parler.* Ah! mon Dieu! la surprise... l'émotion...

MICHEL, *avec effroi.* Vous? chez M. Anténor!... qu'est-ce que vous lui voulez?

CÉCILE. Mais avant tout, Michel! je ne devine pas.... comment il se fait... que je vous trouve ici... sous cette livrée?...

MICHEL. Puisque vous m'avez renvoyé, il fallait bien faire autre chose... et je me suis mis comme ça... Le motif? (*levant les yeux au ciel*) il n'y a que le bon Dieu et moi qui savent ce qui en est! mais ça ne fait rien. Toujours le même Michel! autrefois... (*il fait le mouvement de raboter*) à cette heure... (*montrant avec douleur sa livrée*) pour le bien! pour le bien! et comme on dit dans feu la menuiserie : la pelure n'est rien quand le cœur du bois est bon.

CÉCILE, *interdite.* Je ne vous questionne plus, Michel; je n'en ai pas le droit... quand on est malheureuse comme je le suis!...

MICHEL, *avec intérêt.* Toujours?

CÉCILE, *avec expansion.* Oh! oui, Michel!

Air d'Aristippe.

Mais à vos yeux je ne suis point à plaindre ;
Vous m'en voulez... je le mérite, hélas !
Vos souvenirs pour moi sont bien à craindre,
Car j'eus des torts qu'on ne pardonne pas.
Mon propre cœur ne se pardonne pas !
J'ai méconnu votre âme généreuse...
  MICHEL, *avec bonté.*
Ces torts... faut-il que vous m' les rappeliez ?
J' m'en souviendrais si vous étiez heureuse...
  (*Mouvement de Cécile.*)
Vous voyez bien qu'ils sont tous oubliés. (*Bis.*)

CÉCILE, *avec abandon.* Michel! nous avons tout perdu... on a vendu notre mobilier... nous sommes en faillite... nous habitons... vous le dirai-je?

MICHEL. Une mansarde? (*A part.*) Rue de La Harpe, n° 58.

CÉCILE. J'ignore quel génie bienfaisant a fait connaître ma demeure à ceux qui m'ont élevée... Je n'osais plus leur écrire... il y a quinze jours, ils sont venus me voir... ils pleuraient.. Mon mari les a mal reçus... ils ne reviendront plus... mais ils m'ont dit qu'ils ne m'oublieraient jamais... qu'ils étaient la cause innocente de mon malheur.. (*baissant la voix, et comme honteuse de ce qu'elle dit*) et ils m'ont laissé un témoignage de leur affection...

MICHEL, *l'interrompant, et lui prenant la main.* Votre détresse... est donc... bien grande?

CÉCILE, *avec un abandon désespéré.* Tout nous manque!... et, sans des secours qui nous arrivent je ne sais d'où...... car M. Bouffard, qui est chargé de cette mission, n'a jamais voulu me le dire...

MICHEL, *à part, d'un air satisfait.* C'est un brave homme; je le savais bien ! (*Haut.*) Je ne le vois plus.

CÉCILE. Je soupçonne quelqu'un de cette généreuse action! (*Mouvement de Michel.*) M. Anténor!...

MICHEL, *avec contrainte.* J'en ignore complètement.

CÉCILE. Cette idée m'a enhardie à venir le trouver; car, Michel, je puis vous le dire, à vous; la misère, c'est peu... mais... le malheur a encore changé le caractère de mon mari...

MICHEL. En mal!... il n'y avait pourtant guère moyen... (*A part.*) Il n'est pas Dieu possible; s'il y a un cabinet d'histoire naturelle, là-haut, cet homme-là manque ! (*Haut.*) Il passe toujours les journées au jeu...

CÉCILE. Et moi... à pleurer... J'ai craint qu'il n'eût encore perdu aujourd'hui... je n'ai pas osé l'attendre !

MICHEL. Oh! mon Dieu!... et que venez-vous chercher ici?

CÉCILE. Le sais-je moi-même?.... un appui, un conseil, une figure amie...

MICHEL, *lui pressant les mains avec bonté.* Alors, c'est donc le bon Dieu lui-même qui m'a mis sur votre route. Me v'là, madame Dubourg!.... une figure amie, la mienne, elle est toujours la même; un conseil.... retournez chez-vous, madame Dubourg... vous ferez bien...

CÉCILE. Cependant il faut que je voie M. Anténor; je lui ai écrit bien des fois, pour implorer son appui en faveur de M. Dubourg... je n'ai pas reçu de réponse.

MICHEL, *à part.* Il y a de bonnes raisons pour ça !

CÉCILE. Après ce qu'il a fait, ce silence est inexplicable.

MICHEL, *avec douleur, mettant le doigt sur son cœur, et à part.* Ça y est toujours!

CÉCILE. Je veux le voir.

MICHEL, *vivement.* Mais monsieur peut tarder encore... il est au bal, il s'amuse, et quelquefois il ne revient que le lendemain.... Si, pendant que vous êtes ici, M. Dubourg allait rentrer!.. Croyez-moi, mademoiselle Cécile, retournez chez vous.

CÉCILE. Du moins, laissez-moi écrire à M. Anténor?

MICHEL. Quoi! vous voulez?...

CÉCILE, *allant vers le guéridon.* Oh! un mot, un seul!..

MICHEL, *en soupirant.* Ecrivez! (*A part.*) Pauvre petite femme!... elle ne sait pas le danger... encore une lettre! (*montrant sa poche*) avec les autres!

(*Cécile écrit. Michel paraît en proie à un sentiment pénible.*)

CÉCILE, *se levant, et remettant à Michel, et tout ouvert, le billet qu'elle vient d'écrire.** Tenez, (*Michel hésite à le prendre*) oh! vous pouvez le lire.

MICHEL, *lisant.* « Il faut absolument » que je vous parle, je vous attends. »
                « CÉCILE. »

CÉCILE. Michel! je compte sur vous.

MICHEL, *pliant le billet en quatre, et l'enfonçant violemment dans sa poche.* Soyez tranquille! (*Au moment où Cécile remonte la scène pour sortir, Anténor paraît. A part, avec effroi, apercevant Anténor.*) Monsieur!

* Michel, Cécile.

SCENE IV.

MICHEL, ANTENOR, *au fond, en costume de bal,* CÉCILE.

ANTÉNOR, *à lui-même, en entrant.* Quelle délicieuse soirée! ma future a été ravissante?

(*Michel remonte un peu la scène, de manière à se trouver près d'Anténor, qui la descend.*)

CÉCILE. Monsieur Anténor!

ANTÉNOR, *étonné.* Cécile!... vous ici, madame Dubourg?.... (*Il donne à Michel son manteau; Michel redescend à droite.*) Michel! laissez-nous! *

MICHEL, *à part, pendant qu'Anténor va déposer son chapeau sur le secrétaire.* Malheur! malheur! ils vont renouer le fil... moi qui ai passé trois mois à le rompre...(*Bas, à*

* Anténor, Cécile, Michel.

Cécile.) Ne lui parlez pas de vos lettres, ou vous me faites perdre ma place.

(*Il la salue profondément pour donner le change à Anténor, et il sort.*)

CÉCILE, *étonnée.* Comment?...

SCENE V.

ANTÉNOR, CÉCILE.

ANTÉNOR, *galamment.* Vous avez l'air bien ému...

CÉCILE, *égarée.* Je le suis en effet, monsieur; la démarche que je fais...

ANTÉNOR. Elle me prouve, madame, que vous avez conservé le souvenir d'un de vos amis les plus sincères.

CÉCILE. J'ai la mémoire plus fidèle que la vôtre, monsieur!

ANTÉNOR. Ce reproche m'affligerait s'il était mérité.

CÉCILE. Votre silence depuis quatre mois?...

ANTÉNOR. N'en savez-vous pas la cause? je me suis présenté deux fois chez vous.

CÉCILE, *surprise.* Vous?

ANTÉNOR. Votre mari... me reçut mal... il était alors dans les soucis d'une faillite, qu'il ne dépendait plus de moi d'éviter. Sans regretter absolument les légers services que j'avais voulu lui rendre, je reconnus que... ils auraient pu être mieux placés... Je rompis toute relation avec un pareil homme.... (*Avec galanterie.*) Mais mon cœur, Cécile, mon cœur n'était point changé...

CÉCILE, *avec joie, et comme malgré elle.* Il n'était point changé!

ANTÉNOR, *étonné.* Il me semble que mes lettres ne vous l'ont point laissé ignorer.

CÉCILE, *feignant de comprendre.* Vos lettres! (*A part.*) Ses lettres!..

ANTÉNOR. Je sollicitai de vous une entrevue que je n'obtins pas; vous ne daignâtes pas même m'écrire un mot; car Michel, qui était venu m'offrir ses services lorsque votre mari l'eut chassé... Michel vint me dire que vous aviez refusé positivement de me répondre.

CÉCILE, *à part.* Ah! Michel! Michel!

ANTÉNOR, *vivement.* Votre refus brisa mon cœur; (*avec une dignité calme*) mais je compris vos scrupules, et depuis ce temps... je gardai le silence...

CÉCILE, *cherchant à cacher son émotion.* Monsieur!.. monsieur!.. ah! je ne sais... je ne puis tout vous dire... mais je suis bien plus malheureuse que vous ne le croyez!

ANTÉNOR, *étonné*. Que signifie?...

CÉCILE. Votre cœur n'est point changé, dites-vous? vous conservez pour la pauvre Cécile un peu de cette affection que vous lui juriez autrefois?..

ANTÉNOR, *s'animant*. Toujours! mais quel langage!

CÉCILE, *avec égarement*. Eh bien! elle vient vous implorer à présent; car elle n'a plus d'amis, personne.... elle est seule, seule... sans appui, sans défense...

ANTÉNOR, *vivement*. Votre mari...

CÉCILE, *vivement*. Oh! ne la repoussez pas!... c'est une protection, c'est une sauve-garde, qu'elle implore de votre amitié.

ANTÉNOR, *avec feu*. Oh! dites de mon amour!...

CÉCILE, *appuyant avec dignité*. De votre amitié, monsieur!...

ANTÉNOR, *interdit, la regardant avec une admiration respectueuse*. Ah! Cécile! (*A part, avec indignation*.) Mais c'est donc un misérable que ce Dubourg?

(*L'orchestre joue en sourdine.*)

SCENE VI.

ANTÉNOR, MICHEL, *accourant*, CÉCILE.

MICHEL. M. Dubourg entre dans la maison.

CÉCILE, *avec effroi*. Mon mari!

ANTÉNOR. Grand Dieu!

MICHEL. Il monte l'escalier.

CÉCILE, *à Anténor et marchant avec égarement*. Cachez-moi, monsieur, au nom du ciel, cachez-moi!.. s'il a perdu, il me tuera!..

MICHEL. Là! dans ce cabinet.

CÉCILE. Oh! mon Dieu!

MICHEL. Votre chapeau, votre manteau!

(*Il prend l'un et l'autre sur le fauteuil.*)

CÉCILE, *entrant précipitamment dans le cabinet à droite*. Ah! ma tête se perd...

(Michel la pousse dans le cabinet, lui donne le manteau et le chapeau, referme vivement la porte, et va ensuite à la porte du fond, en dehors de laquelle on entend une vive discussion entre Dubourg et le domestique.)

ANTÉNOR, *à part*. Dans quelle diable d'intrigue m'a-t-elle embarqué là?

SCENE VII.

ANTÉNOR, *près du secrétaire*, DUBOURG, MICHEL, *près de la porte du fond, et regardant à l'extérieur. Dubourg a une redingote bleue rapée*.

DUBOURG, *en dehors*. Je vous dis que j'entrerai.

MICHEL, *affectant beaucoup de calme*. Monsieur peut-il recevoir M. Dubourg?

ANTÉNOR. Faites entrer! (*Michel fait un signe à Dubourg; celui-ci entre, descend vivement la scène et se place devant Anténor, qui le regarde tranquillement et lui dit d'un ton bref*.) Qui me procure l'honneur de votre visite?

DUBOURG, *sans ôter son chapeau*. Vous ne le devinez pas?

ANTÉNOR. Si j'étais dans [l'usage de deviner des énigmes, j'exigerais d'abord qu'on me les présentât plus poliment.

DUBOURG. Je viens chercher ma femme.

ANTÉNOR. Votre femme! Monsieur Dubourg, je ne prétends pas me poser ici en avocat de madame votre épouse... Ce que je sais, c'est que vous la rendez fort malheureuse; c'est que, si elle a quitté votre maison, elle avait, sans doute, de puissans motifs pour agir ainsi; c'est qu'enfin elle n'est pas chez moi.

DUBOURG. Oh! je sais tout... on l'a vue entrer, on me l'a dit... n'essayez pas de m'en faire accroire...

ANTÉNOR, *élevant la voix*. Monsieur Dubourg...

MICHEL, *qui est resté au fond, à Anténor, en lui indiquant Dubourg et la fenêtre*. Faut-il, monsieur?

ANTÉNOR, *à Michel*. Laissez-nous, Michel... (*A part*.) Il ferait une esclandre.

(Au nom de Michel, Dubourg jette un regard de son côté.)

DUBOURG, *à part*. Michel, ici!

MICHEL, *à part en se retirant*. Et pas moyen de la tirer de là!... c'est égal, j'ai l'œil...

(Il sort par le fond, en faisant un geste de menace à Dubourg, qui ne le voit pas.)

SCENE VIII.

ANTÉNOR, DUBOURG.

ANTÉNOR, *sans bouger de place, mais avec l'accent de l'impatience*. Monsieur Dubourg, finissons. On ne se présente pas chez les gens, à l'heure qu'il est, avec une figure comme la vôtre et quand on sort d'une maison de jeu...

DUBOURG, *avec joie*. Ah! qui vous l'a dit?

ANTÉNOR; *lui indiquant la poche de son gilet, de laquelle on voit sortir une carte rayée de rouge et de noir*. Cette carte qui sort de votre gilet.

(Dubourg reste un instant confondu et renfonce la carte dans sa poche.)

DUBOURG. Et quand cela serait!.. Ma conduite ne regarde personne. Ma femme est ici, je ne sors pas sans elle.

ANTÉNOR, *hors de lui.* Ma patience se lasse, à la fin, sortez!..

DUBOURG, *souriant amèrement.* Sortir?

(*Ils se placent très-près l'un de l'autre, dans une attitude menaçante.*)

AIR *de la Batelière de Brienz.*

ENSEMBLE.

DUBOURG.
Non, non, je m'attache à vos pas,
Non, non, je ne sortirai pas!
Non, non, non, non, je ne sortirai pas!

ANTÉNOR.
Sortez! ou redoutez mon bras!
Car de moi je ne réponds pas.
Non, non, non, non, je n'en réponds pas.

(*Michel entre vivement par le fond et se place entre eux deux.*)

SCENE IX.

ANTÉNOR, MICHEL, DUBOURG.

MICHEL, *un papier à la main.* Monsieur Dubourg, monsieur Dubourg, une lettre pour vous.

DUBOURG. Comment!

MICHEL. De votre femme.

DUBOURG, *prenant la lettre.* De ma femme.

ANTÉNOR, *surpris, à part.* Que dit-il?

MICHEL, *à Dubourg.* Lisez.

(*Anténor paraît au comble de la surprise. Michel lui fait un signe d'intelligence.*)

DUBOURG, *à part.* C'est son écriture. (*Lisant.*) « Il faut absolument que je vous » parle; je vous attends. »
                » CÉCILE. »
(*D'un air atterré.*) Elle n'y était pas!

ANTÉNOR, *après un moment de silence, et lui indiquant la porte.* Alors, monsieur....

(*Michel a remonté la scène, et s'est placé du côté du cabinet.*)

DUBOURG, *avec dépit.* Sans doute! j'ai pu être mal informé, cette fois. (*Se rapprochant d'Anténor, et lui parlant à l'oreille de manière à ne pas être entendu de Michel.*) Mais il est d'autres circonstances sur lesquelles je veux que vous me donniez des explications.

ANTÉNOR, *froidement et sans le regarder.* Quand vous voudrez, monsieur.

DUBOURG, *remonte la scène, puis s'arrête en se retournant vers Anténor.*) Demain.

ANTÉNOR. Dans une heure.

DUBOURG. Je serai ici.

(*Il sort par le fond.*)

SCENE X.

ANTÉNOR, MICHEL, CÉCILE.

MICHEL, *après avoir fermé la porte sur Dubourg, et dans la plus grande joie.* Elle est sauvée! elle est sauvée!.. Que je suis content! que je suis content!.. (*Il va ouvrir la porte du cabinet.*) Il est parti, il est parti; n'ayez pas peur, mademoiselle Cécile!

CÉCILE, *pâle et s'appuyant péniblement sur le bras de Michel, descend la scène jusqu'au fauteuil qui est près du guéridon, et semble près de s'évanouir.* Ah! Michel!.. cette lettre!..

MICHEL, *avec joie.* Elle pouvait vous perdre, elle vient de vous sauver. C'est une frime... (*A Anténor.*) de moi.

CÉCILE, *avec reconnaissance.* Ah! merci, merci.

ANTÉNOR. Calmez-vous, madame... je comprends votre émotion...

CÉCILE. Ah! monsieur... ah! Michel!... vous avez vu quelle est sa violence... Que dois-je faire?

(*Anténor, debout devant le secrétaire, examine la boîte à pistolets, et ne prend plus part à la scène, jusqu'au moment où Michel lui adresse la parole.*)

MICHEL, *avec bonté.* Pleurez pas! Allons, dépêchons... faut qu'il vous trouve chez vous. Avec un cabriolet, nous y serons avant lui.

CÉCILE, *d'un air résolu.* Oui, oui, Michel!.. il le faut... quoi qu'il arrive.

MICHEL, *toujours avec bonté.* Et puis, voyez-vous, il ne faut plus jamais revenir ici.... Monsieur, qui est un honnête homme, se marie dans huit jours. Faut plus penser à rien.

CÉCILE, *vivement.* Je le jure. (*Serrant la main de Michel d'une manière convulsive.*) Oh! oui, je le jure.

MICHEL, *à part avec bonheur, et faisant un pas en avant.* Ah! voilà le mot que j'attendais. Heureusement elle n'a pas à rougir.

AIR : *Aux rochers de Sainte-Avelle.*
Les v'là séparés pour la vie!
D'rester ici je n' suis plus obligé;
Maint'nant ma mission est remplie...
(*Il s'avance doucement vers Anténor, qui est occupé au secrétaire, et lui dit humblement.*)
Adieu, monsieur, j' vous d'mand' mon congé!

ANTÉNOR, *se retournant avec surprise.* Comment, Michel, vous me quittez?

MICHEL. Oui, monsieur. Mais, avant de m'en aller, je dois vous rendre ce qui est à vous. (*Il tire de sa poche un paquet de lettres.*) Voilà vos lettres à madame.

ANTÉNOR, *les prenant.* Mes lettres ?

MICHEL, *vivement.* Je ne les ai pas décachetées.

CÉCILE, *tendant la main à Michel d'un air pénétré.* Michel !

MICHEL, *bas à Cécile.* Les vôtres sont brûlées.

ANTÉNOR, *d'un air sévère à Michel.* Ainsi vous me trompiez.

MICHEL, *avec attendrissement à Anténor.* Eh ! monsieur, c'est moi qui *l'a* sauvée toute petite ?

CÉCILE, *levant les bras et jetant un cri de surprise.* Vous ?

MICHEL, *à Cécile, lui imposant silence.*
Suite de l'air.

N' parlons plus d' ça ! r'gagnons vot' domicile,
Mais des dangers n'en redoutez aucun...

CÉCILE, *avec bonté, lui prenant la main.*
Entre le malheur et Cécile,
Je sais maint'nant qu'il s' trouv' toujours quelqu'un..
Entre le malheur, etc.

ENSEMBLE.

MICHEL.

Entre le malheur et Cécile,
Y aura toujours (*bis*) quelqu'un !

CÉCILE, *avec attendrissement.* Toujours vous, Michel.

MICHEL, *à part.* Ah ! si elle m'avait aimé !..

AIR : *Éternelle amitié.* (Du triolet bleu.)

ENSEMBLE.

Allons donc ! hâtons-nous ,
Réjoignons votre époux ;
N'allons pas balancer,
Nous laisser
Devancer.
Rassurez votre cœur ;

Que nous fait sa rigueur ?
Je mettrai le holà,
N' craignez rien je suis là !

ANTÉNOR.

Allons donc, hâtez-vous,
Rejoignez votre époux ;
N'allez pas balancer,
Vous laisser
Devancer.
Rassurez votre cœur;
Que vous fait sa rigueur ?
Il mettra le holà ;
N' craignez rien, il est là.

CÉCILE.

Allons donc , hâtons-nous,
Réjoignons mon époux,
N'allons pas balancer,
Nous laisser
Devancer.
N'ayons pas de frayeur;
Que me fait sa rigueur ?
(*Indiquant Michel.*)
Il mettra le holà;
Je n' crains rien, il est là.

MICHEL.

Nous avons peu d'instans,
Ne perdons pas de temps.
A défaut de bonheur,
Ell' conserve l'honneur ;
Malgré tant de souci,
Puisqu'il en est ainsi ,
J' ne r'grett' pas les trois mois que j'ai passés ici.

ENSEMBLE.

Allons donc, hâtons-nous, etc.

ANTÉNOR.

Allons donc, hâtez-vous, etc.

CÉCILE.

Allons donc, hâtons-nous, etc.

(*Michel donne le bras à Cécile, et l'emmène. Anténor, qui pendant toute la fin de cette scène est resté près du secrétaire, et a jeté sur eux des regards d'intérêt, s'incline devant Cécile, et la regarde partir avec émotion. — Le rideau baisse.*)

ACTE QUATRIÈME.

Le théâtre représente une chambre meublée avec simplicité, mais avec goût. Au fond, la cheminée, entre deux portes , dont l'une, celle de gauche, sert d'entrée commune ; elle ouvre sur un jardin ; celle de droite mène dans l'intérieur de l'habitation, à droite, au premier plan, une table de toilette, sur laquelle est placé un coffret et un livre; à gauche, au premier plan, une table à manger assez éloignée du mur pour qu'on puisse passer derrière.

SCÈNE PREMIÈRE.

BOUFFARD, *seul, achevant de ranger.*

Je crois que c'est bien là tout ce que Michel m'a recommandé pour l'arrangement de c'te petite maison qu'il a fait bâtir, ici, rue de Vaugirard, avec une petite basse-cour pour les volatiles et un jardin... Père Bouffard, qu'il m'a dit ce matin en me serrant les mains à me faire craquer les os, voilà la maisonnette finie. C'est aujourd'hui que je la paye. Tout l'héritage de ma pauvre mère va y passer, mais c'est égal, j'ai repris mon rabot, je suis satisfait. (*Il examine la chambre.*) Oui ! tout y est !.. va-t-elle être surprise quand mon épouse va l'amener !.. Cette pauvre petite veuve !.. puisque son mari (Dieu veuille avoir son ame s'il en avait une)... puisque son mari s'est ingéré d'aller se battre avec M. Anténor, et que... bien le bonjour, votre serviteur de tout mon cœur ! c'est pas que je le regrette, le père Dubourg ; c'est la première fois qu'il a fait quelque chose de convenable et de salutaire. Et c'te pauvre Cécile, depuis un an qu'elle n'a plus de mari, a-t-elle travaillé jour et nuit à faire des broderies, un tas de brimborions de festons pour vivre!.. (*Il va à la porte du fond.*) Les voilà !.. attention à mon rôle !

SCENE II.
Mᵐᵉ BOUFFARD, CÉCILE, BOUFFARD.

(Cécile est vêtue en ouvrière, robe simple, en indienne, collerette brodée, un petit bonnet, et un tablier de taffetas.)

Mᵐᵉ BOUFFARD. Allons, entrez, madame Dubourg.

BOUFFARD, *allant au-devant d'elle.* Eh ! n'ayez pas peur, ma jolie petite veuve ! ..

Mᵐᵉ BOUFFARD, *à Bouffard.* C'est qu'elle ne voulait pas venir !

BOUFFARD, *lui prenant la main avec bonhomie.* Par exemple !.. Comment? Vous auriez refusé de venir manger la soupe chez d'anciens amis ?

CÉCILE. Mon bon monsieur Bouffard ! je ne sais comment reconnaître tant de bontés...

BOUFFARD. Quand on a travaillé toute la semaine, faut bien se distraire un peu le dimanche, et vous travaillez, Dieu merci !

CÉCILE. Il le faut ! et, grâce à vous qui m'avez procuré de l'ouvrage, je n'ai pas connu le besoin depuis... que je suis seule...

BOUFFARD. Ah! dame! c'est que mon épouse a des fameuses connaissances pour la broderie...

CÉCILE. Depuis que M. et Mᵐᵉ Radigot ne sont plus, vous seuls, mes bons amis, ne m'avez point abandonnée.

BOUFFARD. Ah! les Radigot! ne rien laisser à une jeunesse qui a fait leur fortune !.. V'là des limonadiers arabes !

CÉCILE, *avec résignation.* Oh ! je suis habituée à l'oubli : Michel lui-même, Michel, qui semblait prendre tant d'intérêt à mon sort, il se sera lassé...

BOUFFARD, *se frottant les mains.* Il va bien, il va bien ! il a acheté mon fonds...

CÉCILE, *étonnée.* Vous le voyez toujours? Il m'avait dit que vous vous étiez perdus de vue...

BOUFFARD, *se reprenant.* Ah! c'est vrai, oui, oui, perdus de vue.... entièrement... n'est-ce pas, ma femme? Nous nous étions perdus de vue... entièrement !..

Mᵐᵉ BOUFFARD, *embarrassée.* Oui... mais à cette heure, nous sommes rapatriés.

CÉCILE, *tristement.* Moi, je ne l'ai plus revu.

BOUFFARD, *d'un air entendu.* Faut pas lui en vouloir, allez. (*Gaîment.*) Du reste, si vous voulez lui faire des reproches, nous l'avons à dîner.

CÉCILE, *vivement.* Michel!

Mᵐᵉ BOUFFARD. Lui-même, toujours gros, réjoui, bon enfant.

CÉCILE, *avec bonheur.* Michel!.. je le reverrai... ici... aujourd'hui ?

BOUFFARD, *d'un air confidentiel.* Et, s'il n'est pas encore arrivé, c'est qu'il est dans de grandes affaires. Il a perdu sa mère, il a hérité... c'est peu de chose, mais avec l'activité qu'il a...

Mᵐᵉ BOUFFARD. Et de l'ordre...

CÉCILE, *à part.* Michel!

Mᵐᵉ BOUFFARD, *bas à Bouffard.* Dis donc! ça a l'air de lui faire fièrement d'effet...

BOUFFARD, *lui poussant le coude d'un air malin.* Laisse donc!.. (*Haut.*) Vous voyez bien que je n'ai pas menti... le voilà qui vient.

CÉCILE, *sans bouger de place, et la main sur le cœur.* Lui !..

BOUFFARD, *à sa femme.* Laissons-les, viens.

(Ils sortent à bas bruit par la porte du fond à droite. — L'orchestre joue piano l'air : *Amour et menuiserie.*)

SCENE III.
MICHEL, CÉCILE.

(Michel, en costume d'ouvrier menuisier, et gilet à manches de couleur, reste d'abord quelques instants immobile, au fond. Cécile, sans se retourner, paraît fort émue, et se décide enfin à regarder Michel.)

CÉCILE, *avec douceur.* Michel !

MICHEL, *s'avançant vivement.* Mademoiselle Cécile !.. (*Après une pause.*) Comment que ça vous va ?.. Je suis si... Tenez! parole d'honneur... je ne peux pas... Mon Dieu ! mon Dieu !.. v'là un an pourtant ! (*Il lui prend les mains, et la regarde avec un sentiment de bonheur.*) Que je vous regarde !.. et libre ! libre !

CÉCILE. Oui, Michel, un an ! Et pourquoi donc être resté si long-temps sans me donner de vos nouvelles?

MICHEL. Ah ! mademoiselle Cécile... (*A part.*) Je peux l'appeler mamzelle Cécile à cette heure... c'est tout comme. (*Haut.*) J'en avais, moi, de vos nouvelles. Je savais... enfin, je savais tout... je savais qu'ils vous avaient procuré de l'ouvrage.. Oui, oui, je savais ça.

CÉCILE. Oh! oui ; s'ils vous eussent imité, je ne sais ce que je serais devenue.

MICHEL. Si je n'ai pas été vous voir, c'est que... j'avais pas le cœur à la danse... Vous étiez en deuil... (*d'un ton pénétré et moi aussi... On se console mal... et, vous savez le proverbe : Deux chats mouillés mutuellement ne peuvent pas se ressuyer l'un pour l'autre, comme on dit.

* Cécile, Mᵐᵉ Bouffard, Bouffard.

Air : *On dit que je suis sans malice.*

Et puis moi, j'ai mon caractère,
J'aime le monde à ma manière...
Je me suis dit : Ell' n' manqu' de rien...
Ell' n'a pas besoin d' moi, c'est bien !
J' suis un peu, c'est p't-êtr' des folies,
Comme les marchands d' parapluies,
Qui sont là quand il tomb' de l'eau,
Et qu'on n' voit plus dès qu'il fait beau.

Mais parlons pas de ça. J'ai le cœur si plein de joie que je... (*Gaîment.*) Ah ça ! vous venez donc demeurer ici, vous ?

CÉCILE, *étonnée*. Moi ?

MICHEL, *impérieusement*. Oui, il le faut. (*Se reprenant.*) C'est l'intention du propriétaire.

CÉCILE. De M. Bouffard ?

MICHEL. De M. Bouffard !.. Oh ! vous ne pouvez pas lui refuser ça... c'est un homme d'âge... c'est un brave homme, un fameux brave homme.

CÉCILE, *fort émue*. Mais il ne m'a pas dit un mot du projet dont vous me parlez.

MICHEL, *vivement*. C'est un oubli... c'était convenu.

CÉCILE, *étonnée*. Convenu ?

MICHEL, *se reprenant*. Convenu entre eux... j'y étais. (*Avec passion.*) Oh ! mamzelle Cécile, je le sais, moi, voyez-vous !.. je sais que c'te petite maison a été bâtie exprès pour vous.

CÉCILE, *plus étonnée*. Pour moi ?

MICHEL, *s'animant*. Je sais ce qu'il y a dans le cœur... de ces gens-là... et les idées qu'ils ont...

CÉCILE, *fort émue*. Michel !.. mon étonnement...

MICHEL, *s'oubliant*. Oh ! c'est qu'ils vous aiment... et, depuis qu'ils vous connaissent, ils n'ont jamais osé vous le dire... mais si vous saviez le bonheur que ça donne, les projets qu'on fait, et tout ce qu'on a dans l'âme... les Bouffard !

CÉCILE, *avec une joie timide*. J'habiterais cette jolie maison ?

MICHEL. Oh ! c'est que votre avenir... voilà tout ce qui les occupe... tout !

CÉCILE. Mon avenir... et le vôtre, Michel ?

MICHEL, *comme s'il était prêt à défaillir*. Moi, mamzelle Cécile, vous voyez... que... j'ai repris la menuiserie... avec l'héritage... (*d'un ton pénétré*) que j'ai eu le malheur de faire. J'ai réuni tout ça, et je l'ai placé. Je vas me raproprier un peu, pour aller chez l'homme d'affaires. J'y ai dit de retirer mon argent... ce n'est qu'à deux pas. (*Reprenant l'air gai.*) Je vous dirai à ce soir, en dinant, les petits plans que je suis susceptible d'avoir faits. En attendant, regardez-

vous toujours ici comme chez vous... ça fait plaisir aux Bouffard... c'est des braves gens qui vous veulent du bien... et faut jamais faire des peines à ceux qui nous aiment. (*Cécile est pensive ; il se rapproche d'elle, et lui prend le bras.*) Pas vrai, mamzelle Cécile ? faut jamais faire des peines à ceux qui nous... (*Il la quitte.*) A revoir ! à revoir !.. A dîner !.. J'ai bien des choses à vous dire. Oh ! mais là... bien des choses, bien des choses !

(*Il la regarde avec attention.*)

CÉCILE, *à demi-voix*. Adieu, Michel !

MICHEL, *près de la porte de sortie, à part, montrant la chambre*. A elle tout ça ! à elle ! (*Cécile se retourne du côté de Michel.*) Oh ! mais, bien des choses, bien des choses !

SCENE IV.

CÉCILE, *seule*.

Que je me regarde ici comme chez moi, que j'habite cette petite maison que M. Bouffard a fait élever pour moi. Quel mystère ! (*Elle examine la chambre.*) Et pourtant, cet ameublement s'accorde mal avec les goûts de Mᵐᵉ Bouffard... cette toilette... (*Elle aperçoit le livre placé sur la table.*) Quel est ce livre ? (*Elle regarde sur le dos de la reliure.*) Rousseau ! (*Elle l'ouvre.*) Emile !! Ce même volume que Michel.... Un passage souligné ! (*Elle lit.*) « Le mé-» tier que j'aimerais le mieux qui fût du » goût de mon élève est celui de menui-» sier...» (*Elle ferme le livre avec beaucoup d'agitation.*) Michel ! Michel ! je n'ose lire dans ma propre pensée, car si je me trompais... Mais non, mais non ; tout ceci ne s'adresse point à Mᵐᵉ Bouffard ! Ce coffret d'un goût si recherché... non, ce n'est pas pour elle que tout cela a été placé ici. (*Elle ouvre le coffret.*) Que vois-je ? (*Elle en retire un grand nombre d'ouvrages brodés.*) Mes broderies !!! (*Avec un accent de bonheur.*) Je devine tout. (*Bouffard et sa femme entrent par le fond à droite, Cécile va se jeter dans les bras de Mᵐᵉ Bouffard.*) Ah ! madame !

SCENE V.

BOUFFARD, *entrant une lettre à la main*, CÉCILE, Mᵐᵉ BOUFFARD.

Mᵐᵉ BOUFFARD, *tenant Cécile dans ses bras*. Eh bien ? quoi !.. eh bien ! quoi !

BOUFFARD, *tranquillement, et prenant une pause*. Eh bien ! quoi !

CÉCILE. Vous me trompiez !

BOUFFARD. Comment ça ?

CÉCILE, *leur montrant les broderies.*
Tenez !

Mme BOUFFARD, *interdite.* Bouffard ! dis
donc ?.. faut-il avouer ?

CÉCILE, *vivement.* Oh ! je sais tout...
non, non, ne le niez pas... il y avait dans
tout cela un homme généreux... qui se
cachait...

BOUFFARD, *balbutiant d'un air très-embar-
rassé.* Que diable voulez-vous que je vous
dise ?.. je suis extrèmement embarrassé,
moi...

CÉCILE, *avec attendrissement.* Michel !

BOUFFARD. Eh bien ! puisque vous le
savez... oui, c'est vrai... (Ne me trahissez
pas !) (*Il va à la porte avec anxiété et revient.*) Depuis des années, des années, il
vous aime comme la prunelle de ses yeux ;
cette maison, il l'a fait bâtir pour vous, il
l'a meublée pour vous... avec un jardin et
des canards pour vous... (Ne me trahissez
pas !)

CÉCILE, *à part.* O mon Dieu !

Mme BOUFFARD. La pure vérité ! ma
mère enfant !

BOUFFARD. Mon épouse et moi, nous
faisions deux instrumens. Il est allé retirer
son argent pour payer la maison ; tout ce
qu'il avait y a passé... (Ne me trahissez
pas !)

CÉCILE. Oh ! jamais... (*A part.*) Michel !
il m'aimait donc ?

BOUFFARD. Tiens ! et moi qui lui mets
cette lettre dix fois sous les yeux, et qui
ne vous la donne pas. Connaissez-vous le
premier clerc de M. Rabusson ? le notaire ?

CÉCILE. Je ne crois pas l'avoir revu depuis le jour où il apporta à signer le con-
trat de vente du café de l'Orpheline.

BOUFFARD. Il vous écrit cependant ; il
m'a remis ça pour vous.

CÉCILE. Pour moi ?
(Elle prend la lettre et la lit.)

BOUFFARD, *bas à sa femme.* Si c'était
une déclaration !.... je n'ai pas confiance,
moi, dans les premiers clercs.

Mme BOUFFARD, *bas à son mari.* Tu vois
bien que non ! elle ne le connaît pas.

CÉCILE, *après avoir lu.* Est-il possible ?..

BOUFFARD. Quoi donc ?

SCÈNE VI.
BOUFFARD, Mme BOUFFARD, MICHEL,
CÉCILE.

(*Michel a une veste de chasse, grise, un pantalon
pareil et un chapeau. Il entre pâle et désespéré ;
il s'appuie d'abord sur le chambranle de la porte
d'entrée, en jetant des gémissemens, puis va tomber sur une chaise devant la table à gauche. Cécile,
à la vue de Michel, met la lettre dans son sein avec
beaucoup d'émotion.*)
* Bouffard, Mme Bouffard, Cécile.

BOUFFARD, *allant à lui.* Eh ben ! Michel, qu'est-ce qu'il y a donc ?

MICHEL. Ah ! père Bouffard ! père Bouffard !.. disparu !.. avec mon argent !..

TOUS. O ciel !

MICHEL, *avec désespoir.* Disparu !.. plus
de maison ! plus de projets ! plus d'espoir !
plus rien ! Ah ! mon Dieu ! mon Dieu !
(Il se cache la figure et se place la face sur la table.)

CÉCILE, *s'approchant de lui, avec douceur.* Michel !

MICHEL, *égaré, se relevant.* Mes outils,
mon établi, ils vont tout me prendre.....
tout !

BOUFFARD, *qui s'est placé avec sa femme
de l'autre côté de la table.* Pauvre garçon !

CÉCILE. Michel ! Michel ! mon ami !
calmez-vous !

MICHEL, *sanglotant.* Plus rien !

CÉCILE, *avec bonté.* C'est mal, Michel !
vous nous affligez ! vous me disiez qu'il ne
faut jamais faire de peine à ceux qui nous
aiment...

MICHEL, *vivement et avec attention.*
Quoi ?

CÉCILE. Pouvez-vous douter de mon
affection ? Moi, je ne doute pas de la
vôtre. Et, pour vous le prouver, je veux
vous faire partager ma joie ; lisez cette
lettre.

MICHEL, *prenant la lettre et la parcourant.*
« Légataire universelle des Radigot ! »

BOUFFARD *et* Mme BOUFFARD. O ciel !

MICHEL, *se levant.* Mademoiselle Cécile ! (*A part, avec joie.*) Ah ! je n'ai plus
besoin de rien, ça m'est égal..... elle sera
heureuse !.. j'attrape la moitié de mon
projet !

CÉCILE. Et..... puisque M. Bouffard
avait le désir que je vinsse loger ici, j'a-
chète la maison.

MICHEL, *comme frappé d'étonnement.*
Oui ? (*Avec douceur et cherchant à retenir
son envie de pleurer.*) Eh bien ! tenez ! vous
faites bien... elle est bien commode, allez,
mademoiselle Cécile... (*D'une voix altérée.*)
il y a un petit jardin... une petite basse-cour,
comme vous le désiriez... avec des poules...
et, dans le fond, il y a un colombier...
garni de ses pigeons... ça s'aime bien, ces
bêtes-là !.. (*Suffoqué par l'émotion.*) Si
vous en faites tuer quelquefois, faut faire
tuer le mâle et la femelle, voyez-vous ?
parce que... celui qui reste seul... il est
moins à plaindre aux petits pois que dans
le colombier... (*S'efforçant de rire.*) Oh !
je suis bien content, allez... ça me fait
plaisir que vous achetiez la maison...(*Sa
voix baisse, il est prêt à pleurer.*) C'est moi
qui ai fait toutes les boiseries... et quand

vous les regarderez... (*il ne peut plus retenir ses larmes*) vous penserez à... (*Pleurant et à part.*) Mon Dieu! mon Dieu!.. je n'ai jamais tant regretté l'argent qu'aujourd'hui!

CÉCILE, *avec émotion.* Vous pleurez, Michel! vous avez regret de m'avoir caché vos secrets, à moi qui vous ai confié les miens... car vous en aviez un à me dire... et vous vous taisez?

MICHEL, *avec abandon.* Eh! qu'est-ce que je peux vous dire, à cette heure? Plus rien!

CÉCILE. Oh! je le sais, moi, votre secret!

MICHEL. Vous le savez?

(Il regarde avec inquiétude Bouffard et Mme Bouffard.)

CÉCILE, *s'approchant de lui et le regardant fixement.*

AIR *Pourquoi me reprocher ma naïve folie?*
(Pilati.)

Oui, car dans votre cœur je lis malgré vous-même ;
Oui, vous vouliez, Michel, me dire ce matin :
« Je suis riche à présent, je veux quelqu'un qui m'aime:
» Acceptez la maison et mon cœur et ma main. »

MICHEL.
Eh! mon Dieu! c'est bien vrai, mais pourquoi vous instruire
De mes projets, qui sont évanouis?

CÉCILE, *avec tendresse.*
Eh bien! ce que c' matin vous aviez à me dire,
C'est moi maint'nant, c'est moi qui vous le dis.

MICHEL, *parlé.* Vous?...

CÉCILE, *lui tendant la main.*
C'est moi, Michel, c'est moi qui vous le dis.

MICHEL, *hors de lui, très-ému et n'osant croire ce que lui dit Cécile.* Vous? vous? vous? ma femme?.. non! oh! non, c'est un rêve! c'est une attrape!.. mademoiselle Cécile! ne vous moquez-vous pas de moi? oh! ce serait bien mal!

CÉCILE, *avec sentiment.* Ma main est le prix de quinze années d'amour et de dévouement... je ne suis pas encore quitte.

MICHEL, *dans la plus complète exaltation, pleurant de joie, et riant en même temps, comme un homme en démence.* Oh! oh! ah! ah! ah! *il s'essuie les yeux, puis, revenant un peu à lui)* mademoiselle Cécile! si ça n'était pas bête comme un pot, je me jeterais à vos pieds... Vous, la femme de Michel, d'un pauvre garçon qui n'a plus rien que ses bras... et son cœur?... (*Très-exalté.*) Père Bouffard! mère Bouffard!... mais embrassez-moi donc! vous voyez bien que je perds la tête.

(Il les embrasse et s'arrête devant Cécile embarrassé; il n'ose pas l'embrasser.)

BOUFFARD. Allons! allons! calme-toi!

Mme BOUFFARD, *qui est descendue près de*

Cécile*. Je suis tout attendrie, moi.. ce que vous faites là... Vous serez heureuse!

CÉCILE. Oh! je le sais.

MICHEL, *de loin, à Mme Bouffard.* Heureuse? oui... oh! oui! quoique je soye un... pas un malin, enfin... (*avec assurance*) mais ma femme sera là... elle parlera au monde.

AIR : *Amis, voici la riante semaine.*
Je suis un peu grossier dans mon langage,
Et, quand j'y pens', j'en suis quelqu'fois honteux;
Mais ça n' fait rien au bonheur du ménage,
Puisque l'un d' nous aura d' l'esprit pour deux.
Oui, vos manièr's f'ront oublier sans peine
Ce que les mienn's ont d' rud' de temps en temps.
(A Bouffard.)
On plaqu' souvent du bois d' ros' sur du chêne,
Ça fait d'beaux meubl's et ça dur' bien long-temps.
N'est-ce pas donc?

CÉCILE, *avec sentiment.* Michel! je suis heureuse enfin !

MICHEL, *soupirant avec joie.* Enfin! v'là quinze ans que j'attendais ce mot-là !

CÉCILE. Ne parlons plus du passé...

MICHEL, *avec joie.* Non, non! mais songeons à l'avenir... et ferme à l'avenir.. (*Comme se rappelant une chose qu'il avait oubliée.*) Ah! (*il va prendre, sur la table de toilette, le volume de Rousseau, et s'approche timidement de Cécile*) madame Michel!.. j'ai une demande à vous faire, dans l'intérêt de nos enfans... (*Il montre le livre tout ouvert à Cécile.*) Vous voyez ce qu'il en pense, l'homme de la poste... je ne voudrais pas quitter l'état!

CÉCILE, *baissant les yeux, après une pause.* Demain, je n'aurai plus de volonté.

MICHEL, *avec exaltation.* Bravo! bravo! je pourrai donc encore chanter mon pauvre refrain, que je regrettais tant !...

AIR : *Amour, plaisir, folie.*
Amour et menuis'rie !
Doux charmes de la vie,
Jusqu'à mes derniers jours,
Ah ! bercez-moi toujours !
BOUFFARD, CÉCILE, MICHEL, Mme BOUFFARD.
Amour et menuis'rie, etc.
CÉCILE, *au public.*
Demain on nous marie...
A la cérémonie,
D' la part des mariés,
Vous êtes tous priés.
MICHEL et CÉCILE, *se tenant par la main.*
D' la part des mariés,
Vous êtes tous priés.
BOUFFARD, CÉCILE, MICHEL, Mme BOUFFARD.
Amour et menuis'rie!
Doux charme de la vie,
Jusqu'à { mes / ses } derniers jours,
Ah ! bercez { moi / le } toujours !

* Bonffard, Michel, Cécile, Mme Bouffard.
** Bouflard, Cécile, Michel, Mme Bouflard.

9 782329 627571